本书由国家社会科学基金项目"推进乡村治理现(代)计实施模式研究"（项目编号：21BJY006）和河南(省……计划项)目"河南省财政支持农村集体经济发展的现状与对策研究"（项目编号：192400410384）联合资助

河南省财政支持农村集体经济发展研究

郭霖麟　杨盼盼◎著

企业管理出版社
ENTERPRISE MANAGEMENT PUBLISHING HOUSE

图书在版编目（CIP）数据

河南省财政支持农村集体经济发展研究 / 郭霖麟，杨盼盼著．—北京：企业管理出版社，2022.3
ISBN 978-7-5164-2570-1

Ⅰ.①河… Ⅱ.①郭…②杨… Ⅲ.①农村经济－集体经济－经济发展－财政政策－政策支持－研究－河南 Ⅳ.① F327.61 ② F812.761

中国版本图书馆 CIP 数据核字（2022）第 035008 号

书　　名：	河南省财政支持农村集体经济发展研究
书　　号：	ISBN 978-7-5164-2570-1
作　　者：	郭霖麟　杨盼盼
策划编辑：	赵喜勤
责任编辑：	赵喜勤
出版发行：	企业管理出版社
经　　销：	新华书店
地　　址：	北京市海淀区紫竹院南路 17 号　　邮编：100048
网　　址：	http://www.emph.cn　　电子信箱：zhaoxq13@163.com
电　　话：	编辑部（010）68420309　　发行部（010）68701816
印　　刷：	北京虎彩文化传播有限公司
版　　次：	2022 年 3 月第 1 版
印　　次：	2022 年 3 月第 1 次印刷
开　　本：	170mm×240mm　　1/16
印　　张：	8.75 印张
字　　数：	76 千字
定　　价：	59.00 元

版权所有　翻印必究·印装有误　负责调换

前 言

党的十八大以来,中国农村集体经济进入了新的历史发展阶段。习近平总书记一直都高度关注农村集体经济的发展,他在吉林考察时强调"要深化农村集体产权制度改革,发展壮大新型集体经济",他在《摆脱贫困》一书中更是明确指出"发展集体经济是实现共同富裕的重要保证,是振兴贫困地区农业发展的必由之路"。这一系列重要论述深刻阐明了农村发展的根本思路,为当前农村改革、农村发展指明了方向。

河南省是全国的农业大省和农村人口大省,发展农村集体经济是增强农业实力、富裕农民的重要抓手,也是建设现代化农业强省的重要突破口。基于此,本研究首先对农村集体经济相关概念进行系统梳理,在博采众长的基础上,对河南省农村集体经济发展现状及财政支持状况进行实地调研并发放问卷,通过问卷提取河南省农村集体经济发展的关键影响因素,利用结构方程模型法探究各个因素的影响权重。在此基础上,从财政学的角度提出河南省财政支持农村集体经济发展的对策建议与机制保障。

希望本书的研究，可以为提升河南省财政支持农村集体经济发展的精准化水平，提高财政支持效率，助力河南省农村集体经济发展尽绵薄之力。

目 录

第一章 绪论 … 1
第一节 研究背景与意义 … 1
一、研究背景 … 1
二、研究意义 … 4
第二节 国内外研究现状 … 5
一、国外研究现状 … 5
二、国内研究现状 … 8
第三节 研究思路和方法 … 12
一、研究思路 … 12
二、研究方法 … 14
三、研究过程 … 15

第二章 相关概念界定与文献综述 … 17
第一节 相关概念界定 … 17
一、农村集体经济的内涵 … 17
二、农村集体经济的组织形式 … 19

三、财政政策 …………………………………… 21
第二节　农村集体经济发展的影响因素 …………………… 23
　　一、内部因素 …………………………………… 23
　　二、外部因素 …………………………………… 26
第三节　财政与金融支持农村集体经济发展的影响机理 … 27
　　一、税收政策对农村集体经济的影响 ………………… 27
　　二、支出政策对农村集体经济的影响 ………………… 29
　　三、补贴政策对农村集体经济的影响 ………………… 30
　　四、金融政策对农村集体经济的影响 ………………… 31

第三章　财政支持农村集体经济发展的现状分析 …… 35
第一节　我国农村集体经济发展的整体现状 …………… 35
第二节　我国农村集体经济现状评价 …………………… 38
　　一、评价体系构建 ……………………………… 38
　　二、评价结果分析 ……………………………… 42
第三节　河南省农村集体经济的发展现状 ……………… 44
　　一、农村集体经济资产总量仍然薄弱 ………………… 45
　　二、农村集体经济资产收益较低 ……………………… 46
　　三、农村集体经济的经营方式较为灵活 ……………… 47
　　四、新型农村集体组织发展迅速 ……………………… 47
第四节　河南省财政支持农村集体经济发展的现状 …… 48

一、财政资金总体投入不足 …………………………… 48
二、支出结构仍不完善 ………………………………… 49
三、税收优惠政策操作性不高 ………………………… 50

第四章 河南省农村集体经济发展的关键因素研究 …… 53
第一节 识别影响因素的原则 ………………………… 53
一、局部与整体兼顾的原则 …………………………… 53
二、客观全面性原则 …………………………………… 54
三、内部影响因素与外部影响因素兼顾的原则 ……… 54
四、文献整理与实践经验相结合的原则 ……………… 54
第二节 关键因素的分析和关键影响因素的获取方法 … 55
一、关键因素的分析 …………………………………… 55
二、关键影响因素的获取方法 ………………………… 55
第三节 研究设计 ……………………………………… 56
一、问卷的设计及数据的收集 ………………………… 56
二、变量设定 …………………………………………… 58
第四节 数据来源与处理 ……………………………… 60
一、数据来源 …………………………………………… 60
二、描述性统计 ………………………………………… 61
第五节 数据分析 ……………………………………… 64
一、信度与效度分析 …………………………………… 64

二、验证性因子分析 …………………………………… 68

　　三、结构方程模型构建与分析 ………………………… 75

第五章　河南省财政支持农村集体经济发展的政策建议与机制保障 …………………………83

　第一节　河南省财政支持农村集体经济发展的政策建议 ………………………………… 83

　　一、加大财政资金投入，强化财政支持力度 ………… 83

　　二、优化财政支出结构，实行精准化扶持 …………… 84

　　三、发挥财政资金的引导作用，搭建综合扶持体系 … 86

　第二节　实施财政支持政策的相关机制保障 ………… 88

　　一、健全资金整合机制 ………………………………… 88

　　二、财政支持法制化 …………………………………… 89

　　三、建立监督机制 ……………………………………… 89

第六章　河南省农村金融支持农村集体经济发展的政策建议与机制保障 …………………………91

　第一节　农村金融创新原则 …………………………… 92

　　一、以需求为导向，以因地制宜为原则 ……………… 92

　　二、以金融政策与财政政策积极配合为原则 ………… 92

　　三、以先试点、后推进为原则 ………………………… 92

　　四、以成本覆盖为原则 ………………………………… 93

目录

第二节　农村金融产品与服务创新 …………………… 93
　　一、大力发展小额信贷 ……………………… 93
　　二、开发金融产品 …………………………… 94
　　三、完善金融基础设施 ……………………… 95
　　四、简化手续 ………………………………… 95
　　五、抵押品创新 ……………………………… 95
　　六、抓住国家扶持机遇 ……………………… 96
第三节　农村金融机构建设 …………………………… 97
　　一、机构体系建设 …………………………… 97
　　二、机构内部建设 …………………………… 104
第四节　国家政策建设 ………………………………… 105
第五节　农村金融创新环境建设 ……………………… 107
　　一、信用环境 ………………………………… 107
　　二、保险环境 ………………………………… 111
　　三、担保环境 ………………………………… 114

第七章　结论 ……………………………………… 117

参考文献 …………………………………………… 121

第一章 绪 论

第一节 研究背景与意义

一、研究背景

农村集体经济组织是我国农村基本经济制度的重要组织形式,是我国农业发展、农村繁荣和农民增收的重要推动力量。党的十八大以来,中国农村集体经济进入了新的历史发展阶段,党和政府高度重视农村集体经济的发展,中央关于土地流转、新型农业经营主体、乡村治理,特别是关于推进农村集体产权制度改革、壮大集体经济的政策呈现新气象。习近平总书记多次强调,要建立符合现代市场经济要求的农村集体经济运营新机制,发展壮大集体经济[①]。这深刻阐明了农村发展的根本思路,为当前中国农村改革、农村发展指明了方向。随着《中华人民共和国民法总则》中农村集体经济组织"特别法人"地

---

① 引自习近平总书记2018年11月14日在中央全面深化改革领导小组第五次会议上的讲话。

位的确立，农村集体经济在全国各地迸发出新的活力。

河南省作为全国的农业大省和农村人口大省，农村集体经济在其发展过程中起着关键性的作用。2017年6月，中共河南省委、河南省政府印发《关于稳步推进农村集体产权制度改革的实施意见》，提出探索农村集体所有制有效实现形式，发展河南省农村集体经济。截至2017年底，河南省通过竞争方式共选取44个试点县和846个试点村，总投资达22.5亿元，全省各试点县、试点村正积极推进试点工作，探索适合当地发展的村级集体经济发展模式，这标志着河南省农村集体产权制度改革和发展农村集体经济的大幕已经拉开。2020年，河南省农村集体产权制度改革任务已经基本完成，走在了全国的前列。

然而，由于受到各方面因素的制约，农村集体经济很难完全靠自身力量得到很好的发展，必须依靠政府大力支持和推动，财政政策和金融政策尤为重要。财政政策是国家运用各种财政工具指导财政分配的宏观调控手段，财政的支持对发展农村集体经济至关重要，财政政策的有效实施可以充分体现国家发展农村集体经济的意志，有助于促进农村集体经济向更高水平发展。金融政策主要体现在支农的信贷服务和产品方面。近年来，各地政府对农村集体经济组织的支持力度逐渐加大，但是财政和金融支持农村集体经济组织发展的效果受到多方面的

第一章 绪 论

影响，导致财政和金融政策难以发挥其应有的作用。因此，逐步加大政策的支持力度、提高财政和金融支持的精准化水平、确保各项政策的有效落地，这些都是引导和促进农村集体经济快速发展的重要保障。

从现有学术研究成果来看，农村集体经济的产业结构、组织化水平、要素投入、素质能力等因素都会影响财政支持的效果。除此之外，当前河南省乃至全中国正在进行试点探索的农村集体经济，其集体资产多种多样，既包括土地、森林、山岭等资源性资产，也包括用于经营的土地、建筑物、生产资料、基础设施、无形资产，还包括集体投资兴办企业的资产份额和用于公共服务的科教文卫等方面的非经营性资产等。其经济组织形式也多种多样，包括农村社区股份合作社、土地股份合作社、农民专业合作社、企业化合作社等。多种多样的集体资产具有丰富多样的资产权能，不同形式的集体经济组织具有不同的资金需求。这种复杂性，加大了政府扶持农村集体经济发展的难度，也影响了财政资金的使用效率。

基于上述情况，本书认为，从财政和金融扶持角度来看，需要进一步深刻了解河南省农村集体经济发展现状和财政支持的基本情况，在此基础上，找出影响河南省农村集体经济发展的关键因素。针对这些关键因素，从财政学和金融学角度进行甄别分析，以便有针对性地采取措施，提高财政资产的使用效率，更好地发挥财政资金的引导作用和金融信贷的杠杆作用，助力河南省农村集体经济的发展，为河南省乡村振兴及农村扶贫做出更大的贡献。

二、研究意义

1. 理论意义

发展农村集体经济有助于促进农业进步、提高农民收入水平，是实现乡村振兴和建设社会主义新农村的关键之路。为了促进农村集体经济的发展，各地政府出台了一系列财政支持政策。对于这些政策，需要从理论上进行详细研究与归纳，提高政策的有效性和精准性。但目前关于农村集体经济的研究文献中，专注于政府财政支持研究的文献较少，且缺乏与各学科的交叉融合。农村集体经济具有复杂性，推进农村集体经济发展是一项复杂的系统工程，需要多个学科的理论成果提供指导。然而，国内外学者对其进行的研究大多集中在农村集体经济的概念与内涵、组织形式与产权制度等，较少从财政和金融支持的角度进行研究。本书拟将农村集体经济理论、财政学理论、农村金融理论相结合，实现多学科交叉融合，进一步丰富现有理论。

2. 现实意义

发展壮大村级集体经济是强农业、美农村、富农民的重要举措，是实现乡村振兴的必由之路。促进河南省农村集体经济发展，不仅关系到河南省农村改革和发展的大局，而且是贯彻习近平新时代中国特色社会主义思想的重要举措。在河南省农村集体经济的发展过程中，各级政府出台了一系列财政支持政策，有效地改善了农村集体经济的发展环境，提升了农村集体经济的发展水平，但也存在理论发展与实践尚不对称的问题。如何精准地实施财政和金融政策，扶持河南省农村集体经济发展有待进一步研究与实践。在此背景下，本书通过对相关文献的梳理，把握当下河南省农村集体经济发展的情况，结合理论和实证分析找出影响财政和金融支持效率的关键因素，以便有针对性地采取措施，对于提高财政和金融政策扶持的效率，更好地发挥财政资金的引导作用和金融的杠杆作用，促进河南省农村集体经济发展壮大具有重要的现实意义。

第二节　国内外研究现状

一、国外研究现状

1. 关于农村集体经济的研究

关于集体经济的设想最早是由马克思、恩格斯提出的，他们认为"一开始就应当促进土地私有制向集体所有制过渡，让农民自己通过经济的道路来实现这种过渡"。马克思主张废除土地私有制，提倡通过集体组织把农民联合起来发展农村集体经济，走共同富裕的社会主义道路。

进入现代以后，国外学者对农村集体经济的研究较多专注合作社与集体效率两个方面。Enke（1945）认为可以将合作社看作企业进行分析。Helmberger et al.（1962）提出缩减合作社成员规模可以激发成员参与积极性。Alchian et al.（1972）提出集体经济组织变迁理论。Williamson（1991）从交易成本角度出发，认为农村集体合作社可以降低农民内部与外部交易成本，提高市场竞争水平。Schmitz（1995）通过对产业集群的研究，发现集体效率来自外部经济学和一体化行动，通过合作社可以提高农民的集体效率，合作社将农民联合起来共同进入市场，不但可以提高生产效率，也可以提高收入水平和改善市场地位，促进整个市场效率的提高。Tudor（2015）对合作经济的内部博弈有较深入的研究，他认为提高合作社的效率需要通过合作、分工及权衡利益分配等方式。近几年，随着农村集体经济在中国的实践成功，国外学者也开始关注中国农村集体经济。德国学者Beckman et al.（2017）认为农村集体经济在中国农村发展中起着重要作用，中国农村土地制度的改革要全面考虑集体经济的不同功能效用，才能适应农村发展的需要。

总体来说，国外学者对农村集体经济的研究相对较少，西方学者的研究主要集中在集体经济和合作经济方面，较少关注中国农村集体经济的发展。

2. 关于财政和金融支持农村集体经济发展的研究

国外学者 Nourse et al.（1916）最早开始研究财政对农村集体经济的支持。他们认为农民通过合作社进入市场可以提高市场效率，政府应该出台财政政策支持集体合作社的发展。Aschauer（1989）提出政府扩大消费对农村经济增长的作用有限，但通过对集体经济进行资本投入可以促进农业经济增长。Fleisher et al.（1992）通过构建模型对财政支农支出的最优投入量进行了分析，结果显示，财政的资金投入需要更加精准，结合不同的农业发展结构和发展状况寻求最优投入量。Liu et al.（2014）利用向量自回归模型对1980—2012年的相关统计数据进行实证分析，研究货币政策和农业财政支出对农村发展和农民消费的影响。结果显示，长期的货币政策和财政支持政策对农村发展和农民消费具有显著的正向作用；相对于货币政策，短期的财政政策对农村居民消费的促进作用更加明显。Onyiriuba et al.（2020）利用实证方法对影响财政资金对农业支出的因素进行了排序，详细地分析了美国各级政府的财政支出结构。

二、国内研究现状

1. 关于农村集体经济的研究

中华人民共和国成立以来,中国农村集体经济的发展蜿蜒曲折,发展时间较长,目前国内关于农村集体经济的研究较多,研究内容主要包括以下三方面。

(1)农村集体经济的内涵和重要性。随着时代的发展,农村集体经济的内涵也出现了一些变化。韩松(2011)从法律角度探讨了农村集体经济的内涵,认为农村集体经济为农村社区集体组织以本集体成员集体所有的财产,通过直接经营或者出资、发包、出租、出让、转让等方式实现价值增值,并以集体公共服务或者公平分配等方式实现集体成员利益的活动,以及农民专业合作社和各专业合作经济组织服务其合作成员的经济活动。学者们也关注农村集体经济的重要性。钟玉(2008)认为新型农村集体经济的发展对促进农村现代化起着重要的作用,有助于推动城乡协调发展。冯道杰(2010)从法律角度研究认为,农村集体经济组织可以帮助农民增强抵抗侵犯自身利益行为的能力。周娟(2020)认为农村集体经济组织可以联结各乡村,是乡村产业振兴的重要主体。唐丽霞(2020)认为农村集体经济可以在国家当前提供的社会保障项目中发挥补充功能。

（2）农村集体经济存在的问题研究。张忠根和李华敏（2007）通过对浙江省138个村的调查发现，农村集体经济发展不平衡、负债过多是制约农村经济发展的主要问题。黄延信（2015）认为我国农村集体经济发展存在的主要问题是权责不清。张深友和童亚军（2016）认为政策的大力支持对发展农村集体经济至关重要。李坤梁和周湛湛（2019）实地调研了凤冈县的农村集体经济发展情况，认为政府要加大财税、金融政策的扶持力度，以促进农村集体经济的发展。

（3）农村集体经济的实现形式研究。王德祥和李建军（2010）认为农村集体经济的发展模式要多样化，避免发展模式单一化。薛继亮和李录堂（2011）认为政府应在农村集体经济的发展形式方面进行主动引导。邵彦敏和冯蕾（2014）指出发展农村集体经济的关键是构建内在机制。徐勇（2015）认为集体经济的实现形式存在多样性，需要结合产权、利益等要素的实际情况进行选择。张晖和于金富（2018）认为创新农村集体经济形式应从理论上创新并反复实践。

2. 关于财政对农村集体经济的支持研究

现有国内研究主要关注财政对农村发展的支持，针对农村集体经济财政支持的相关研究不多，主要集中在两个方面。

（1）财政支持存在的问题。梁昊（2016）认为现有支持农村集体经济的财政政策应该在以下三个方面做出改进：一是财政扶持应集中于直接补贴、普惠融资及机制制定；二是在明确集体经济组织法律地位的基础上推行免税资格认定；三是财税优惠政策体系化。相小萌（2014）分析了贵州省财政资金扶持农村集体经济的发展状况，发现财政资金信息管理机制和财政资金管理机制的完善有助于发展当地的农村集体经济。余丽娟（2021）认为要根据当地农村集体经济的发展状况，因地制宜推行财政激励政策。

（2）支持农村集体经济的财政政策实证分析研究。丘永萍（2018）应用收入不平等分解、混合效应模型等对全国和东部、中部、西部三个地区财政支持农村集体经济组织的发展情况进行实证研究，分析得出不同地区影响农村集体经济组织发展水平的主要因素。李萍和王军（2018）通过对四川省广元市农民进行问卷调查，认为将财政支农资金转为农村集体资产，将会提高农村的收入水平。张立和王亚华（2021）利用清华大学中国农村研究院的调查数据进行实证研究，发现农村集体组织的干部领导影响村民归属感，进而影响村庄集体行动，应设立财政激励机制，加强干部培训。

综上所述，现有文献已对农村集体经济发展进行了广泛的研究，为农村集体经济发展提供了一定的理论指导，也为政府部门制定相关政策提供了理论依据。河南省内关于农村集体经济发展的研究趋势主要包括以下三个方面：一是内容上，侧重于对国外或省外研究成果的归纳、总结与介绍，在农村会计、农村资产管理、农村财政等领域的创新性或原创性研究成果较少。二是方法上，侧重于定性研究，虽然一些文献开始对农村集体经济发展进行实证研究，但是为数不多，并没有达成一致见解。三是在财政支持农村集体经济方面，更多的是理论研究，因为农村集体经济涉及因素较多，财政政策在支持河南省农村集体经济发展方面如何实现精准化仍有研究的空间。

3. 金融支持农村集体经济的研究

冉光和（2018）结合世界各国的农村金融资源发展状况和特点，总结了金融发展的宝贵经验，为我国农村金融发展提供了借鉴对策。王娜和胡联（2018）认为金融对新农村建设至关重要，而农业科技作为新农村建设的一个重要组成部分，其推广离不开金融的支持。郭晓鸣和高杰（2017）认为农村集体经济的多元化使资金需求总量迅速扩大，发展农村集体经济必须构建完善的农业技术创新金融支持体系。王宝珠和冒佩华（2018）认为金融扶持农村集体经济的发展应由"外力助推"向"内生动力"转变，制度设计上应向"诱致性制度创新"转变。刘心怡等（2020）认为从农民增收的影响因素来看，合作社农民收入增长离不开金融支持，科技与金融是当今世界农业与农村可持续发展的核心和关键要素，要促进农村集体经济的发展，就要大力研发和推广农业科技及解决农户融资难的问题，构建现代农村金融体系。周昌发和飞传鹤（2020）认为应激活农村集体经济资产的金融权能，按照"合格融资者"的目标对农村集体经济组织进行职能重构，构建"政策性金融＋政策性担保"的外部支撑机制。

第三节 研究思路和方法

一、研究思路

本书从探究农村集体经济的内涵与基本特征出发，从理论上总结财政支持农村集体经济发展的规律，并通过发放调查问卷，对河南省农村集体经济的发展情况做实地调研，从调查问卷中提取河南省农村集体经济发展的关键因素，进而在关键动力因素基础上，将农村集体经济理论、财政学理论、农村金融理论相结合，从财政支持的角度研究有针对性的扶持措施，以期提高财政资产的使用效率，更好地发挥财政资金的引导作用。具体研究思路如图1-1所示。

第一章 绪 论

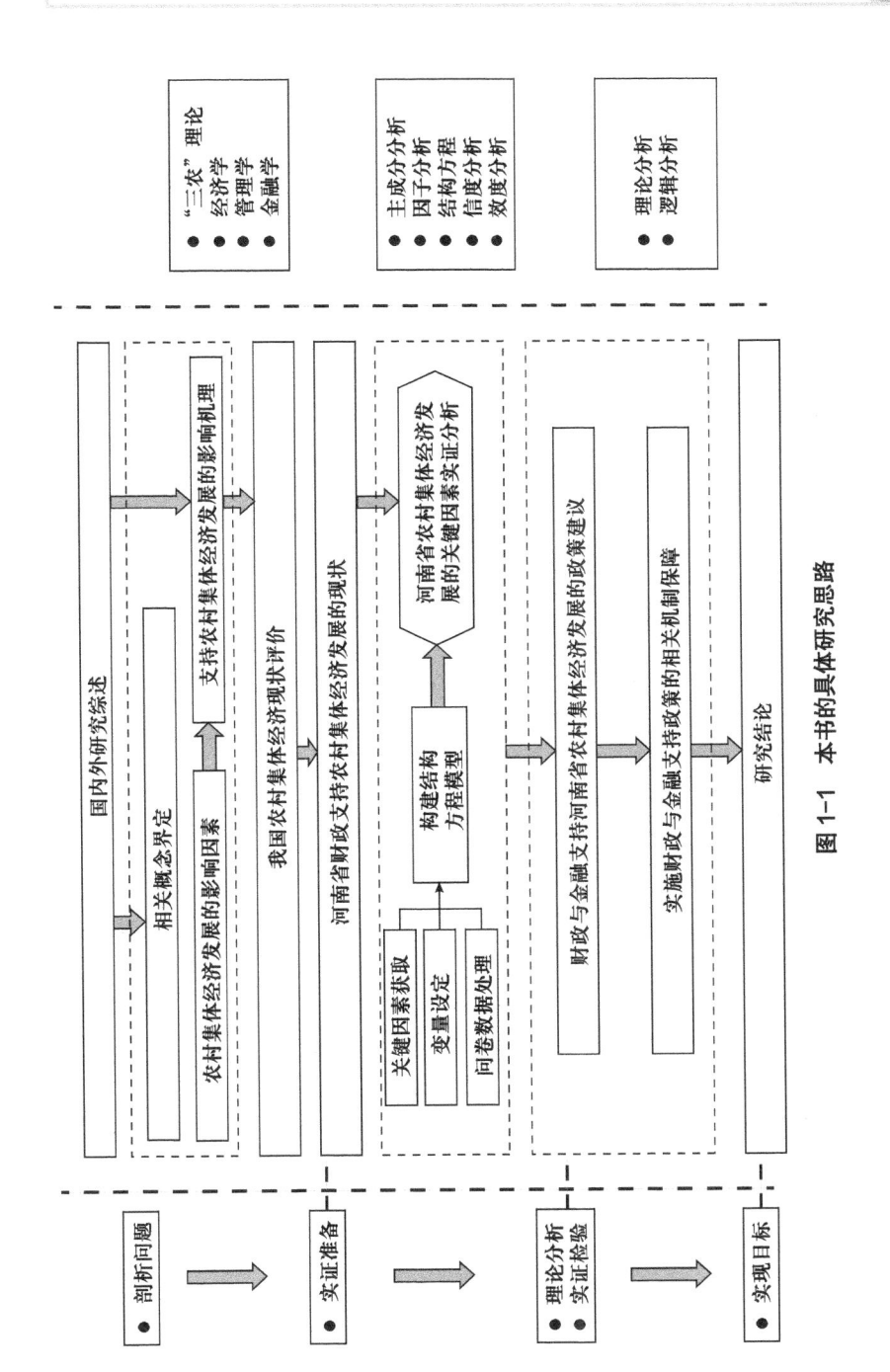

图 1-1 本书的具体研究思路

本书在借鉴相关文献理论的基础上，始终围绕农村集体经济发展中面临的现实问题，构建实证研究框架，探究财政和金融政策支持河南省农村集体经济发展的具体路径。希望本书的研究结论，能为促进河南省农村集体经济发展提供新的分析思路，并为相关政府部门制定政策，促进农村集体经济的发展提供理论支撑。

二、研究方法

本书从探究农村集体经济的内涵与基本特征出发，从理论上总结农村集体经济发展的影响因素及财政支持农村集体经济发展的影响机理，然后实证探究河南省农村集体经济发展的关键因素，最后采用定性与定量相结合的方法提出有针对性的对策建议。具体来说，本书采用了以下研究方法。

第一，理论分析与逻辑演绎相结合。在借鉴农村集体经济理论、财政学理论、农村金融等理论的基础上，采用文献分析法、归纳法、演绎法等规范分析方法分析财政和金融支持农村集体经济发展的规律和机理，从理论上验证本研究的逻辑思路和框架结构。

第二，规范分析与实证调查相结合。运用规范分析法，分析界定农村集体经济和财政政策的概念，以及财政和金融政策支持农村集体经济的理论依据和作用机理。在此基础上,对影响河南省农村集体经济发展关键的因素进行调查分析,设计调查问卷进行实证调研。

第三,定性分析和定量分析相结合。对评价农村集体经济发展现状、影响河南省农村集体经济发展的关键因素等既进行定性分析,又进行定量分析。具体方法包括因子分析、主成分分析、信度分析与效度分析、结构方程模型等。

三、研究过程

根据研究思路,本书的研究工作从以下三方面展开。

第一,收集、整理和分析资料。有关农村集体经济发展的具体文献资料包括三个方面:一是有关农村集体经济内涵、特征、发展历程的文献资料;二是财政和金融支持农村集体经济发展的影响机理方面的文献资料;三是财政和金融支持农村集体经济发展的具体实践等方面的文献资料。

第二,对河南省农村集体经济进行调研。主要针对河南省农村集体经济发展现状、河南省财政和金融支持农村集体经济发展现状,以及河南省农村集体经济发展的影响因素三方面展开调研。本次调研在郑州市、漯河市、许昌市、南阳市、新乡市等地区的财政局等有关部门,以及建设银行、中原银行等机构的协助下展开。

第三,结合理论总结和调研的实际情况,通过结构方程模型探究影响河南省农村集体经济发展的关键因素,并针对这些关键因素,从财政学和金融学的角度就如何进一步支持河南省农村集体经济的发展提出对策和建议。

第二章 相关概念界定与文献综述

第一节 相关概念界定

一、农村集体经济的内涵

农村集体经济即"农村集体所有制经济",《中华人民共和国宪法》第八条规定:"农村集体经济组织实行家庭承包经营为基础、统分结合的双层经营体制。农村中的生产、供销、信用、消费等各种形式的合作经济,是社会主义劳动群众集体所有制经济,参加农村集体经济组织的劳动者,有权在法律规定的范围内经营自留地、自留山、家庭副业和饲养自留畜。"农村集体经济一直是我国"三农"研究领域的热点问题,随着农村集体经济的发展,众多学者从不同角度对农村集体经济的内涵进行了研究与概括。

罗海平和叶祥松(2008)认为农村集体经济是一种经济组织形式,它是农户基于自愿原则,在农业生产过程中将劳动力与生产资料进行有机结合并且按照生产要素和劳动进行收益分配的一种合作经济组织。丰凤和廖小东（2010）认为农村集体经济是指在适应中国国情及在坚持家庭联产承包制度的基础上，在与社会主义市场经济体制相适应的情况下，可以促进农业实现集体化、产业化经营，促进农村经济发展，最终提高农民收入水平的一种农村集体所有制的实现形式。农村集体经济的实现途径主要包括经济联合体与农民专业合作社两种，在自愿互利的基础上，组织内成员在"三农"领域的生产流通环节中进行合作并共担风险利益。韩松（2011）认为农村集体组织通过组织直接经营、对外承包、租赁、转让等方式运营集体内所有成员的公共财产，实现集体资产的增值而获益，同时将收益按照共享原则进行分配及用于本区域内的集体公共服务。朱有志（2013）认为在以家庭联产承包经营为基础，在统分结合的双层经营体制下，农村集体经济是通过将农民组织起来，在农业生产交换过程中实行多元化的合作经营的一种所有制经济，并以按劳分配或按生产要素分配收益。邵彦敏和冯蕾（2014）认为农村集体经济指在现行社会主义市场经济体制下，农民按照自愿互利的原则将生产资料与生产资产按份或按共同所有的形式，在生产和交换的过程中进行合作，采用民主式管理、市场化运作及承包经营与统一经营，根据一定产业与区域组织起来的一种公有制经济，组织成员共享集体财产保值增值权益，收益以按劳分配与按要素分配相结合的分配方式来分配。徐勇（2015）认为农村集体经济组织和成员互相依赖，集体所有是基础并依赖个体发展，双方互相影响，共同发展是双方的目标，在集体经济中，既包含集体成员共同享有的经济，也包含每个集体成员的个体经济。

综上所述，学者们从不同角度对农村集体经济的内涵和概念进行了研究与概括，其中的共同点是，学者们将农村集体经济作为社会主义制度的一种特有经济形势，其内涵和概念随着社会主义市场经济的发展而不断完善。

尤其是进入新时代以来，关于农村集体经济的相关研究与成果百花齐放。新的《民法总则》将农村集体经济组织规定为"特别法人"，促进了相关研究。

二、农村集体经济的组织形式

从中华人民共和国成立起，我国农村集体经济的组织形式的发展具有明显的阶段性，在不同的时期有不同的内涵与特征，相关研究整体上呈现百花齐放的特点。

孔繁军和许尚涛（2002）认为农村集体经济组织是集体资产所有权的变现形式，也是农民集体利益的重要保障，因此农村集体经济组织是当前我国农村社会主义体制发展的最重要的实践形式。关锐捷（2012）等认为与政务型机构组织不同，农村集体经济组织是以集体所有资产为连接纽带的一种经济型组织，并主要负责围绕集体资产展开经济活动，包括通过对土地资源等自然资源的开发、发包、转让等实现集体资产的保值或获取收益等经营管理活动。彭晓琼（2016）根据农村集体经济运行特征及组织成员资格取得方式的差别完成了对农村集体经济的概念界定，将我国农村集体经济组织形式主要分为非社区型和社区型两种类型。其中，社区型集体经济组织是指在一定的村域范围内，村民根据自愿互利、风险共担的原则，将个人所有的以土地为主的生产资料加入集体所有的范围，实行统一经营管理、共同劳动，以实现土地的价值增值，所得经济收益按劳动分配的一种经济组织。张兰兰（2019）依据《民法总则》第99条规定，认为不应统一农村集体经济组织形式，但须基于其特别法人性质，在成员权和债权人保护方面加强规制。

综上所述，本书认为农村集体经济组织是我国社会主义农村基本经济制度的重要载体，它是一定区域内以公有制为载体、以土地等生产资料共有或按份共有实行的一种非法人的其他组织，并采用共同经营，以及按劳分配和按生产要素分配相结合的分配制度。随着实践的发展，我国农村集体经济组织的作用不断显现，其内涵也在不断发展和完善，焕发着强大的生命力，是推动农村经济发展和农民增收的一个重要力量。

三、财政政策

财政政策是指国家根据一定时期政治、经济、社会发展的任务而规定的财政工作的指导原则，具有鲜明的阶级性。财政支持对发展农村集体经济至关重要，财政政策的有效实施可以充分体现国家发展农村集体经济的意志，通过具体的财政措施可以对农村经济活动进行调节，以实现宏观经济目标。因此对农村集体经济而言，财政政策是重要的推动力量，其贯穿和覆盖了农村集体经济的不同方面和不同领域，为农村集体经济的发展及农民生活水平的提高起着重要的作用。

从具体路径分析的角度来看，现有财政政策支持农村集体经济发展的路径主要包括三个方面：直接参与、间接推动和外围支持。

1. 直接参与

我国混合所有制经济的发展实践证明，只要按照共担风险、共享收益的模式，各类资本可以相互共存、共同发展。从这个角度来看，财政资金可以直接参与到农村集体经济的发展中，以保值增值为前提，不以收益为目的。当前，我国很多村级组织没有发展集体经济，不是因为自身资源禀赋限制，而是缺少引导资金来启动发展，财政资金通过直接输血的方式入股村集体组织，同时发动利用村集体资产、农户资产和其他社会资本入股，充分利用本地资源优势，启动和发展村集体经济。这种直接参与的扶持方式，可以增强村干部和村集体组织成员的发展信心，提高农村集体经济的内生动力。因为财政资金支持不以营利为目的，等村集体经济发展运营稳定之后，财政资金便从中撤离出来，再投入到其他需要的地方。

2. 间接推动

除直接支持之外，现有的财政支持方式还包括间接推动，即通过实施补贴、减税免税、培训等财政措施帮助村集体经济的各参与主体规划发展，培养和吸引更多的人才和社会资本参与到农村集体经济的发展中。间接推动的方式避免了财政政策大包大揽，可充分调动各参与主体的积极性，间接地推动农村集体经济发展。

3. 外围支持

外围支持主要针对的是农村的环境和基础设施的建设，村集体区域的硬件、软件环境在一定程度上影响着农村经济的发展。若村集体所在当地道路不通、水利设施欠缺、物流不发达，这些基础性的公共设施和公共服务的供给不到位会影响集体经济的发展。通过加大财政投入，强化农村基础设施建设，全面提供均等化的公共服务，可在普惠性推动农村发展的同时，也为农村集体经济发展创造良好的环境。

第二节 农村集体经济发展的影响因素

农村集体经济包含因素众多，涉及面广。发展农村集体经济是一项复杂的系统工程，其发展水平能否提高取决于诸多因素的综合影响。现有研究主要分两个方面来阐述农村集体经济发展的影响因素：内部因素和外部因素。内部因素主要从农村集体组织、农民、资源禀赋与基础设施等角度进行梳理；外部因素主要指政府政策对农村集体经济的影响。

一、内部因素

1. 农村集体组织

农村集体组织是农村经济中最主要的经济主体，学者们对农村集体组织的研究主要围绕存在意义、问题、发展等方面展开。张焘和孙正（2010）认为农村集体经济组织意义重大，在国家财政支持力度不大的情况下其是发展壮大农村集体经济、落实农村基层建设与管理等的唯一路径。关锐捷

（2012）认为农村集体经济组织的发展存在日趋弱化或边缘化趋势，严重影响农村集体经济的发展。王娜和胡联（2018）研究发现，农村集体组织法人地位不明晰、规模较小已经成为影响我国农村集体经济发展的重要制约因素。周娟（2020）研究发现，农村集体组织和农业企业均是乡村产业振兴、发展农村经济的重要主体，农村集体经济组织在联结乡村方面具有独特优势。

综上所述，学者们普遍认为农村集体经济组织是农村集体经济发展的重要内部因素，农村集体经济组织可以提高农户的市场竞争力、降低交易成本并优化资源配置。因此，激发农村集体经济组织活力，发展其"造血"机制可促进农村集体经济发展壮大。

2. 农民

农村集体经济的发展可以提高农民的收入水平、增强农民的综合素质，以及保障农民的根本权益。同时，农民的发展及素质能力的提升也可以为农村集体经济的发展提供强大的内生动力，学者们认为两者之间是相互依存、相互促进的关系。杨勇和赵宇霞（2013）探讨了农村集体经济与农民发展之间的良性互动关系，认为这种良性互动有利于寻找到理想的农村集体经济发展模式。王晓丽（2015）运用 AHP 模型构建了农民与农村集体经济的良性互动评价指标体系，并将两者之间的关系分为专业合作型、技术合作型、股份合作型和集体主导型，发现农民实现发展是农村集体经济发展的最终目标，发展壮大农村集体经济也是农民的最佳选择。翟新花（2019）认为农民与农村集体经济的发展两者具有内在的统一性，新型农村集体经济的发展壮大需要从思想观念、制度完善、人才选拔等方面为农民创造发展的条件，使农村集体经济和农民发展相互促进，共同发展。

综上所述，学者们均认为农民发展和农村集体经济的发展两者是和谐统一、相互促进的，农村集体经济的发展是农民发展的目标，农民的发展也会促进农村集体经济的发展。

3. 资源禀赋与基础设施

资源禀赋主要是指一个农村集体经济单位在区域内所具备的自然资源。由于农村集体经济的资产多种多样，包括土地、森林、山岭等资源性资产，因此从逻辑上来看，资源禀赋也可能会影响农村集体经济的发展。

常敏（2010）基于浙江省农村调研数据的实证研究发现，农村资源禀赋及区位条件会影响农村集体经济的发展。石磊和张翼（2010）基于马克思主义自然观的生态学内涵论证了自然资源对农村集体经济的影响作用。李萍和王军（2018）对四川省广元市572户农民的问卷调查数据进行测算，结果表明农民自愿投入个体拥有的资源禀赋会促进农村集体经济的发展，并最终提高农民的收入水平。张洪振等（2020）研究发现，大学生村干部可以推动村级集体经济发展，这种现象在村落资源禀赋较为优越的情况下更加明显。杨旭和李竣（2013）认为农村基础设施供需失衡是制约农村集体经济发展的重要因素。周文玄（2018）对农村基础设施投资与农村发展之间的关系研究进行了梳理，发现大多学者认为农村基础设施投资对农村发展具有正效应。敏芳冉（2019）研究认为，农村基础设施建设是促进农村集体经济发展和解决"三农"问题的关键。

综上所述，学者们均认为资源禀赋与基础设施是影响农村集体经济发展的重要因素，但现有研究更多的是从理论层面进行阐述，较少对它们之间的关系进行实证检验。

二、外部因素

一直以来，政府部门是推动农村经济发展的重要外部因素。作为公共权力部门，政府推动农村经济和农村集体经济的发展责无旁贷，学者们从不同的角度阐述了政府在农村集体经济发展中的作用。郝亚光（2010）基于生产社会化的视角认为，传统的村落互助体系难以抵御自然风险和市场风险，农民势单力薄，政府需要转变职能，作为影响农村集体经济发展的重要外部条件，通过对农民进行内部和外部支持，推动农村集体经济发展。彭文武等（2014）对湖南省村级集体经济发展的机制创新模式进行了研究，总结了湖南农村集体经济发展的成功经验，认为必须明确政府的职能定位，利用好政策的导向作用。张深友和童亚军（2016）通过研究发现，我国多数村级集体经济基础较为薄弱，在市场竞争中处于弱势地位，发展农村集体经济离不开政府支持，而财政支持又是政府支持的重要手段。王蔷（2017）认为政府在推动农村集体经济发展中起着重要的作用，政府应该在农村基础设施、农田水利等方面进行政策倾斜，提高财政资金的使用效率，实现对农村基本公共服务的全覆盖。张瑞涛等（2020）运用定性比较分析方法（QCA）分析了影响农村集体经济发展的因素，发现推动农村集体经济的有效发展需要内部动力和外部推力的共同作用，政府财政支持是重要的外部推力。

第三节 财政与金融支持农村集体经济发展的影响机理

一、税收政策对农村集体经济的影响

传统经济理论认为，经济的增长主要受到劳动供给和资本积累的影响，税收的增减变动常常会通过影响投资与储蓄，进

而影响劳动供给与资本积累，从而影响经济增长。凯恩斯主义学派的减税政策理论认为，政府的减税行为可以提高企业及居民的收入水平，从而刺激企业的投资需求与居民的消费需求，在企业投资乘数和居民收入乘数的作用下，最终促进经济增长及国民收入水平的提高。

基于上述理论分析，税收政策对农村集体经济发展的影响机制也是如此。通过减少税负的财政支持政策，可以直接减少农村集体组织乃至农民的税负，提高收入水平，会有效刺激农村集体经济的投资与消费需求，在考虑乘数作用的情况下，进一步地促进农村集体经济的发展。具体来说，财政通过税收政策影响农村集体经济的机理主要是：①税收优惠政策通过减免税负，不仅可以激励农村集体经济组织的资本投入，也可以吸引更多的社会资本进入农村集体经济，提升农村集体经济的资本使用效率，带动农村集体经济组织、合作企业的发展，最终促进农村集体经济的发展；②税收规模的减小可以提升乘数效应。减轻农村集体经济的税负可以直接降低其经济负担，提高农村集体经济组织的运营效率，促进农民增收与农业发展，同时通过影响投资和消费，鼓励不同性质的资本跨体系流动，并通过投资和消费的乘数效应增加农村集体经济组织的收入。

二、支出政策对农村集体经济的影响

在经济学中,资本投入量的增加和资本产出量的提高会促进经济增长,资本的积累也会推动经济增长。同样的,财政支出政策对农村集体经济的发展也会产生正面的促进效应。投入财政资金可以充实村集体经济资本,刺激更多的农业投资,推动农村集体经济发展。增加产出所引起的产出效应会促进经济发展,进而导致利率水平升高,而利率水平升高带来的负面效应则会抑制经济发展。但由于目前我国利率水平一直处于较低水平,并受到中国人民银行的严格控制,因此财政支农支出的增加并不会引起利率的大幅度提高。整体来看,财政支持的正面效应要大于负面效应,可以推动农村集体经济发展。

具体来说,财政支出政策主要通过支出结构和支出规模影响农村集体经济的发展。其中,扩大财政支出规模可以将财政资金转变为农村集体资产和资本,提高农村集体经济组织的规模与实力,同时,财政支出资金也可以用于农业项目的建设,以项目带动农村集体经济的发展。此外,优化财政支出结构,将财政资金投入到农村集体区域内的公共基础设施建设、教育、科技等方面,可以推动农村生产效率、科技水平、教育水平的提升，促进农村集体全方位发展。

因此，财政支出政策可以间接影响农村集体经济发展，财政资金通过支持农业的发展直接推动农村集体经济发展，财政支出结构的优化也可以提升农村集体经济的各要素效率与水平。

三、补贴政策对农村集体经济的影响

财政补贴可以平衡市场各主体的收益分配，从而有效调节经济的运行。同时，合理运用财政补贴政策可以产生奖抑作用，从而促进农村集体经济有序运行。奖抑作用是指政府通过财政补贴及优惠政策，对不同主体或地区进行扶持、鼓励或者惩罚抑制而产生的影响效应。在我国，财政补贴可以分为专项补贴和普通补贴。政府通过财政专项补贴对各个项目进行专项扶持，可以稳定农民收入、增加农村就业机会、吸引外部优秀的人才等，进而促进农村集体经济的产业项目发展。政府也会对农村集体经济进行普通补贴，一方面可以降低农村集体经济的运行成本，鼓励发展集体经济；另一方面可以提高各类要素参与发展农村集体经济的积极性，从而促进农村集体经济发展。

四、金融政策对农村集体经济的影响

关于金融政策对合作社经济的影响研究最早始于德国，由于18世纪经历战乱的原因，德国农业经济受到重挫，金融中介为了支持农村经济的发展，将合作社的土地作为抵押品，解放了农户的生产力。20世纪60年代，土地产权理论被应用于农民合作社问题的研究中，学者们认为激活土地使用权和所有权可以促进土地流转，为农民合作社增信和规避风险。Csaki et al.（2011）研究认为，农村的集体土地是农民的重要财产，可以有效刺激金融机构将农地作为抵押品实行信贷供给。但早期研究中国农村金融和农村集体经济的国外文献，主要关注的是农村金融机构的缺陷，以及农村的非正式借贷等（Southavilay et al.，2013），很少探讨两者之间的影响效应。

近年来，农村金融与农村集体经济的发展研究一直是国内学术界的热点。于明霞和黄薇（2007）认为，农业合作化、产业化发展的金融支持，需要在保证金融机构自身利益最大化的基础上，满足农业资金需求，建立相应的金融支持体系和运行机制。田学智（2010）认为金融对农村集体经济发展至关重要，而农业科技作为农村集体经济的一个重要组成部分，其推广离不开金融的支持。韩立达和陈燕（2015）研究认为，应该依托农民合作社等农村集体经济组织成立新型农村合作金融组织，满足农业经济主体的多层次融资需求。林冬生（2016）认为随着我国农村集体经济改革的深入推进，相关的财税和金融政策需要从供给和需求两端进行调整，以匹配农村集体经济的发展。冉光和（2018）结合世界各国的农村金融资源发展状况和特点，总结了促进金融发展的有效对策，为我国农村金融发展提供了宝贵经验。王曙光和王丹莉（2018）认为，未来金融机构对农村集体经济发展的支持应从提供差异化的金融服务、注重金融服务的综合性、充分借助多种增信措施、积极探索多种形式的金融创新四个方面着力。叶松勤等（2018）研究认为，互联网金融可以消除家庭承包制经营农户的金融排斥心理。同时，互联网金融相关人才深入农村可以解决农业合作社经营人才匮乏的难题。田剑英（2019）利用案例研究与综合归纳分析相结合的方法研究发现，农地信托、农地承包经营权抵押贷款、农村产权市场、农地入股等金融产品和服务对农村经济规模化发展起着重要的作用。温涛和王佐腾（2021）利用2009—2016年全国30个省（自治区、直辖市）的涉农金融数据，研究了农村金融多元化对农村的增收效应，结果显示农村金融的核心功能应该是为重点支持农村各类要素创新创业提供新动能。李韬等（2021）对陕西省农村集体经济发展的现状进行了调查研究，发现农村集体经济普遍存在融资难的问题，建议将农村集体资产抵押纳入国有融资担保公司范围，主动为农村经济合作社提供贷款增信及担保服务。

第三章　财政支持农村集体经济发展的现状分析

第一节　我国农村集体经济发展的整体现状

我国农村集体经济最早出现在20世纪50年代的农业合作化时期，经过几十年的发展，从最初的初级合作社、高级合作社、人民公社到确立了以家庭承包经营为基础、统分结合的双层经营体制。随着我国城镇化、工业化的不断发展，一方面农村大量劳动力流入城市，农村的老龄化、空心化问题凸显，农村集体经济出现了弱化和边缘化的问题；另一方面，面对竞争激烈的国内市场，小农户并不能很好地应对，亟须利用好双层经营体制中"统"这个层次的功能。党的十八大以来，党中央高瞻远瞩地出台了一系列政策，支持农村集体经济的发展，鼓励地方积极探索，农村集体经济又开始得到了恢复与发展。

2020年，我国完成了农村集体资产清产核资工作。数据显示，我国农村集体经济的总资产近十年平均增长速度接近10%，截至2019年，全国农村集体经济的总资产达6.5万亿元

（如图 3-1 所示），全国拥有农村集体资产的共有 5695 个乡镇，60.2 万个农村集体所属全资企业超过 1.1 万家。

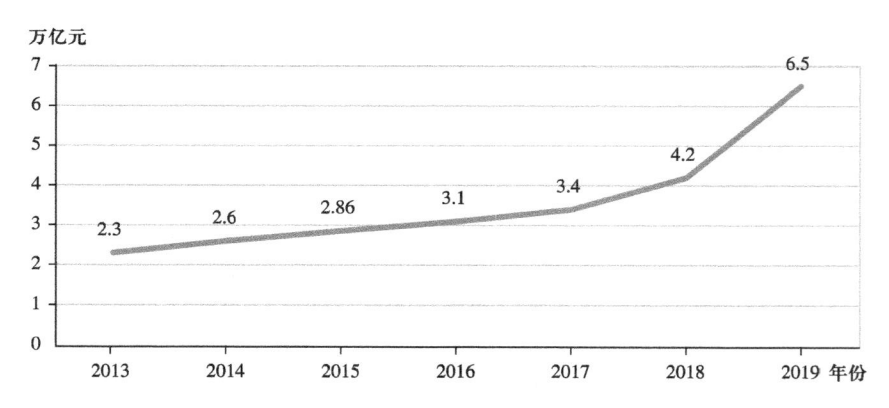

图 3-1　我国农村集体经济组织 2013—2019 年资产情况

数据来源：《中国农村经营管理统计年报》（2013—2019 年）。

从收入情况来看，2013 年，全国农村集体经济的总收入为 3871 亿元，到了 2019 年，全国农村集体经济的总收入达到 5217 亿元，年增长幅度达 7% 左右。具体如图 3-2 所示。

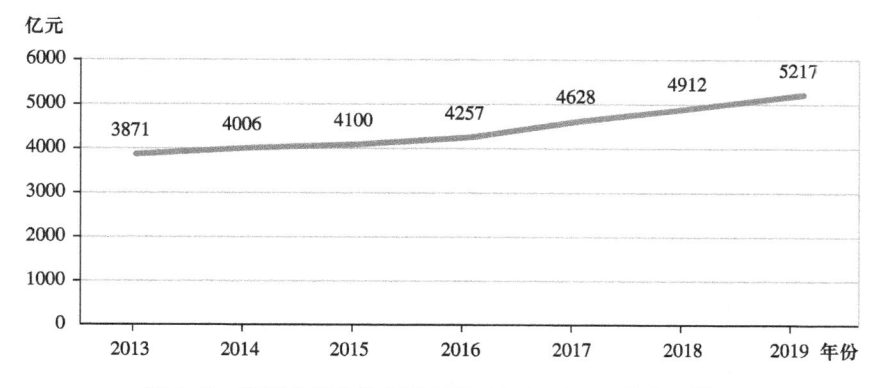

图 3-2　我国农村集体经济组织 2013—2019 年收入情况

数据来源：《中国农村经营管理统计年报》（2013—2019 年）。

第三章　财政支持农村集体经济发展的现状分析

从收入结构来看，2019年，全国农村集体经济收入中，经营性收入1722亿元，占总收入的比例为33%；发包及上交收入838亿元，占总收入的比例为16%；投资收益157亿元，占总收入的比例为3%；补助收入1304亿元，占总收入的比例为25%；其他收入1200亿元，占总收入的比例为23%。具体如图3-3所示。

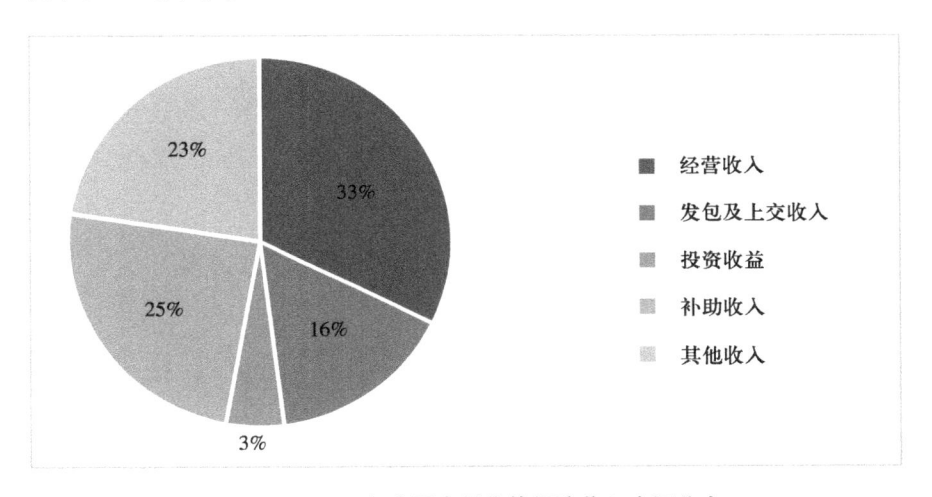

图3-3　2019年我国农村集体经济收入来源分布

数据来源：《中国农村经营管理统计年报（2019年）》。

从收入分配情况来看，2019年，全国农村集体经济净收益为1804亿元，其中向农户分配487亿元，占比27%；提取公积金、公益金433亿元，占比24%；外来投资分利90亿元，占比5%；提取福利费252亿元，占比14%；其他分配73亿元，占比4%；年末未分配收益为470亿元，占比26%。具体如图3-4所示。

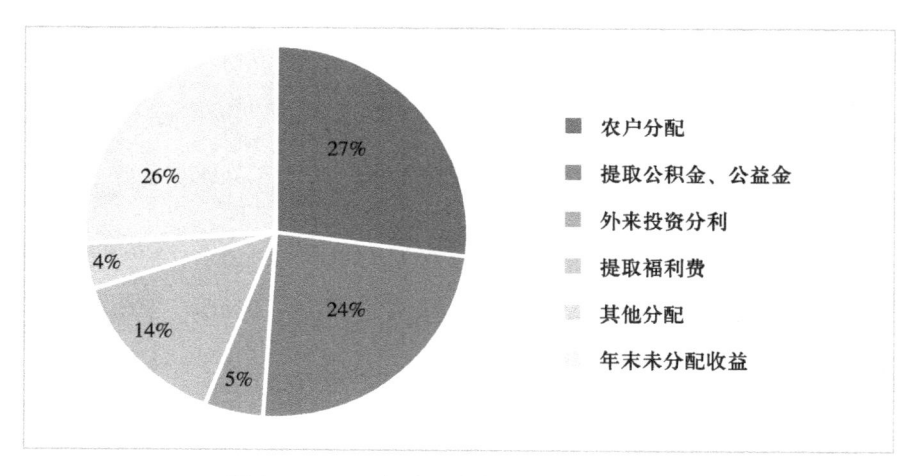

图 3-4　2019 年我国农村集体经济收益分配

数据来源：《中国农村经营管理统计年报（2019 年）》。

第二节　我国农村集体经济现状评价

一、评价体系构建

在介绍了我国农村集体经济发展现状的总体情况之后，本书拟借鉴孙梦洁和陈雪原（2016）的方法，通过建立评价指标体系对我国农村集体经济的发展现状进行评价。

1. 农村集体经济组织的目标函数

市场经济条件下的公司一般以利润最大化为首要目标，其目标函数以利润为主。但不同于公司制度，农村集体经济组织以社会主义公有制为基础，追求集体经济组织成员福利最大

第三章 财政支持农村集体经济发展的现状分析

化。因此将农村集体经济组织的目标函数设置为：

$$\max Netwelfare = \left(R - \sum_{i=1}^{n} C_i\right)/L$$

其中，Netwelfare 表示集体经济劳动净收入或净福利，C_i 代表劳动成本，L 代表劳动力数量。在成员净福利最大化的目标导向下，集体经济组织首先要解决集体经济组织成员的生产、生活等基本保障问题，进而带领全部成员共同富裕。

2. 评价指标设定

设定农村集体经济发展评价指标体系时，参照孙梦洁和陈雪原（2016）的方法，在立足于成员福利最大化的基础上，还纳入了就业水平、居住条件等非经济因素指标。因此本书从经济进步和社会稳定两个方面构建农村集体经济发展评价指标体系。

经济进步方面主要包括集体增收能力、集体积累水平、土地利用水平和劳动力利用水平，共 4 个二级指标和 9 个三级指标。社会稳定方面主要包括集体经济组织成员福利水平、集体经济组织社会性负担、农民负担 3 个二级指标和 6 个三级指标。具体评价指标如表 3-1 所示。

表 3-1 中国农村集体经济发展评价指标体系

一级指标	二级指标	三级指标
经济进步 A	B1 集体增收能力	C1 人均集体经营性收入
		C2 人均投资收益

续表

一级指标	二级指标	三级指标
经济进步 A	B2 集体积累水平	C3 人均所有者权益
		C4 人均固定资产
		C5 人均公积金、公益金
	B3 土地利用水平	C6 亩均集体建设用地出租、出让收入
		C7 家庭承包耕地流转面积/耕地总面积
	B4 劳动力利用水平	C8 就业劳动力/总劳动力
		C9 二、三产业就业劳动力/总劳动力
社会稳定 A	B1 集体经济组织成员福利水平	C1 成员股东分红金额/总户数
		C2 县内就业劳动力/总劳动力
	B2 集体经济组织社会性负担	C3 农村集体组织支付的公共服务费
		C4 农村集体公益性基础设施建设投入
		C5 户均提取应付福利费
	B3 农民负担	C6 户均上交集体款项

3. 评价指标权重的确定

本书采用因子分析法确定指标的权重，利用 SPSS 22.0 软件对变量进行因子分析，通过各主成分的方差贡献率来确定其对整体的反映能力。

首先进行的是 KMO 值分析及 Bartlett 球形检验，KMO 值可以分析取样适当性，取值范围为 [0，1]，KMO 越接近 1，进行因子分析的效果越好。一般认为，当 KMO 在 0.9 以上，非常适合做因子分析；在 0.8~0.9，很适合做因子分析；在 0.7~0.8，适合做因子分析；在 0.6~0.7，不太适合做因子分析；

在 0.5~0.6，很勉强；在 0.5 以下，不适合做因子分析。另外，Bartlett 球形检验值也是判断是否进行因子分析的条件。通过以上两种检验后，再正式进行因子分析。

统计结果显示：Bartlett 球形检验统计量为 3.116E2，检验的 P 值接近 0，表明 15 个变量之间有较强的相关关系。而 KMO 统计量为 0.751，大于 0.5，表明变量间的相关性比较好，适合做因子分析。具体分析结果如表 3-2 所示。

表 3-2　主成分因子分析解释的总方差

成分	初始特征值 合计	方差 /%	累积 /%	提取平方和载入 合计	方差 /%	累积 /%	旋转平方和载入 合计	方差 /%	累积 /%
1	8.187	23.393	23.393	8.187	23.393	23.393	4.346	12.418	12.418
2	4.968	14.195	37.588	4.968	14.195	37.588	3.875	11.070	23.488
3	3.347	9.563	47.150	3.347	9.563	47.150	3.362	9.606	33.094
4	2.782	7.949	55.099	2.782	7.949	55.099	3.279	9.370	42.464
5	1.982	5.662	60.761	1.982	5.662	60.761	3.120	8.914	51.378
6	1.739	4.969	65.730	1.739	4.969	65.730	2.581	7.375	58.753
7	1.686	4.817	70.547	1.686	4.817	70.547	2.453	7.010	65.762
8	1.225	3.499	84.046	1.225	3.499	74.046	2.002	5.719	81.481
9	1.055	3.015	87.062	1.055	3.015	77.062	1.953	5.580	87.062
10	0.360	1.028	92.294						
11	0.304	0.870	94.082						
12	0.240	0.686	95.499						
13	0.192	0.548	97.284						
14	0.165	0.473	98.284						
15	0.072	0.207	99.733						
35	0.032	0.092	100.00						

根据主成分分析法得到的因素负荷矩阵，赋予了每一个主成分相应变量的系数，通过成分得分系数矩阵，可获得主成分变量的最终取值。各指标的具体权重系数如表3-3所示。

表3-3 各指标的权重系数

指标名称	指标权重
C1 人均集体经营性收入	0.0872
C2 人均投资收益	0.0751
C3 人均所有者权益	0.0651
C4 人均固定资产	0.0723
C5 人均公积金、公益金	0.0698
C6 亩均集体建设用地出租、出让收入	0.0652
C7 家庭承包耕地流转面积/耕地总面积	0.0677
C8 就业劳动力/总劳动力	0.0652
C9 二、三产业就业劳动力/总劳动力	0.0521
C1 成员股东分红金额/总户数	0.0754
C2 县内就业劳动力/总劳动力	0.0557
C3 农村集体组织支付的公共服务费	0.0509
C4 农村集体公益性基础设施建设投入	0.0513
C5 户均提取应付福利费	0.0698
C6 户均上交集体款项	0.0772

二、评价结果分析

根据上述指标体系，通过计算综合得分可以得到全国及各个省（自治区、直辖市）的集体经济发展指数，如图3-5所示。2012—2019年我国农村集体经济发展指数除了在2017年出现拐点之外，整体上呈上升趋势。

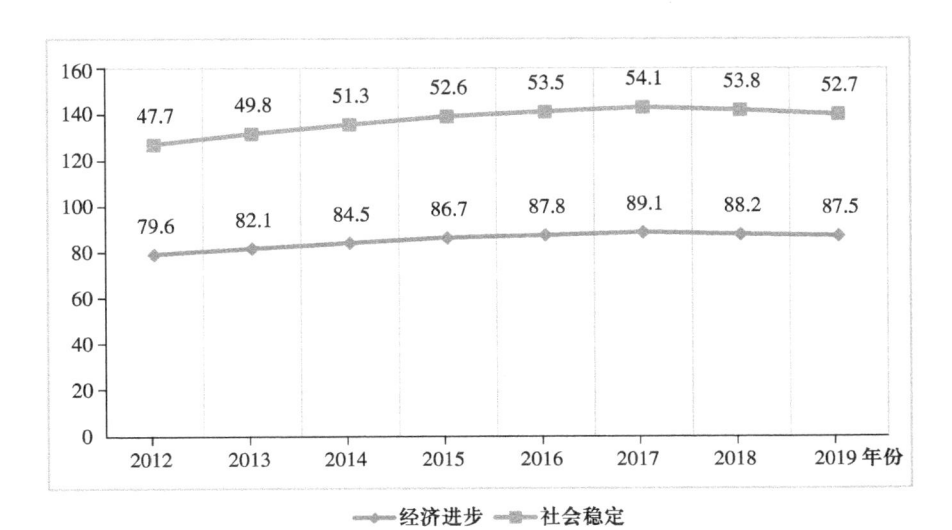

图 3-5　2012—2019 年我国农村集体发展指数变动趋势

从各地区的情况来看，2019 年我国集体经济发展指数排在前五名的省（直辖市）有北京市、上海市、浙江省、广东省和江苏省，河南省排名第八，整体处于中等水平。具体如图 3-6 所示。

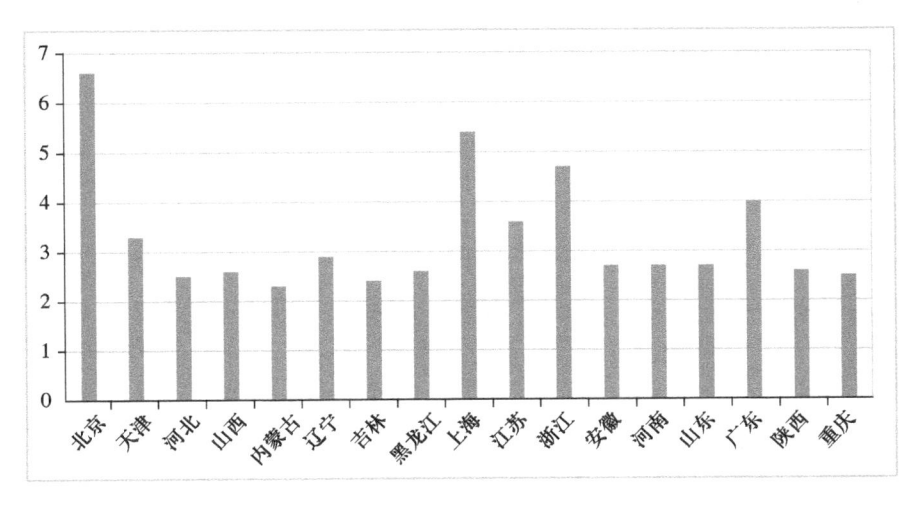

图 3-6　2019 年我国主要省份农村集体经济发展指数

综上所述，中国农村集体经济发展水平总体上呈现上升趋势，发展指数中经济进步和社会稳定两个一级指标呈现不同程度的上升趋势，但在2017年出现了暂时性的拐点，带动指数下降。这说明我国农村集体经济发展还不够平稳，基础还不够牢固，需要政策面的进一步支持。

从各地区的发展指数情况来看，地区不均衡的特征很显著。集体经济发展进程较快的区域主要集中在发达省份和南方地区，中西部地区农村集体经济发展较为缓慢，更应该得到政策的扶持和激励。

第三节　河南省农村集体经济的发展现状

河南省一直都是我国的农业大省和粮食大省，被誉为"中国粮仓"，河南省做好"三农"工作在当前阶段具有重要的战略意义。河南省一直高度重视农村集体经济的发展。2017年6月，中共河南省委、河南省政府印发《关于稳步推进农村集体产权制度改革的实施意见》，提出探索集体经济的新实现形式和运行机制，发展河南省农村集体经济。当年，河南省采取竞争方式共选取44个试点县和846个试点村，总投资达22.5亿元，全省各试点县、试点村积极推进试点工作，探索适宜当地发展的村级集体经济发展模式。这标志着河南省农村集体产权

第三章 财政支持农村集体经济发展的现状分析

制度改革和发展农村集体经济的大幕已经拉开。截至 2019 年，全省共有村级集体经济组织 48968 个，其中 99% 的经济组织进行了登记赋码并获得了登记证书。具体来看，河南省农村集体经济的发展现状呈现出以下 4 个特征。

一、农村集体经济资产总量仍然薄弱

截至 2019 年，河南省共有 37.9 万个清产核资单位完成数据上报，共清查核实账面资产 3087.86 亿元，资源性资产 2.11 亿亩。其中，经营性资产 950.56 亿元，占比 30.8%；非经营性资产 2137.30 亿元，占比 69.2%（如图 3-7 所示）。从资产结构来看，非经营性资产占比较多，与发达省份相比（如浙江省经营性资产 1342 亿元），经营性资产总量较少，反映出河南省

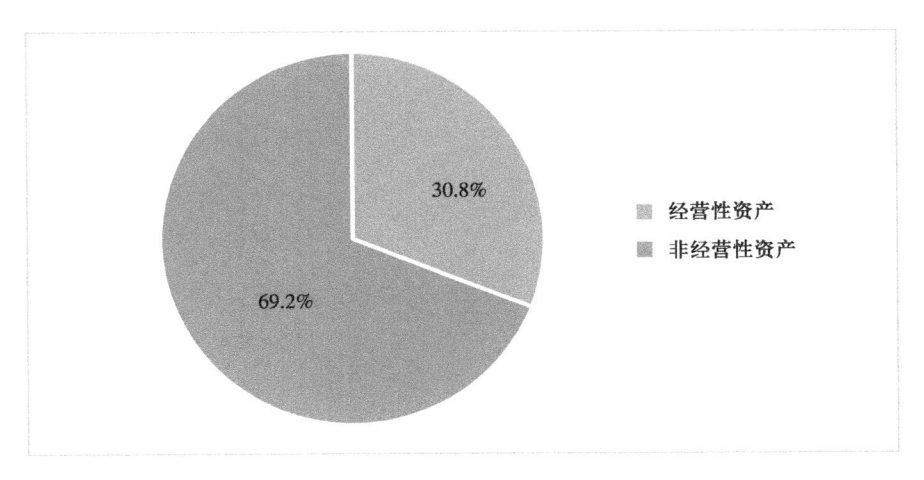

图 3-7 2019 年河南省农村集体经济资产状况

农村集体经济的资产总量仍然相对薄弱。从平均数来看，截至2019年，河南省村均农村集体资产（不包括土地等资源性资产）为142.72万元，村均负债为57.65万元。

二、农村集体经济资产收益较低

截至2019年，河南省农村集体经济的经营收益在10万~50万元的村占比为3%，经营收益在5万~10万元的村占比为7%，有收益但低于5万元的村占比为14%，没有经营收益的"空壳村"约占75%，经营收益50万元以上的村占比为1%（如图3-8所示），其中亿元以上的村有3个，分别是临颍县城关街道办事处南街村、新乡县七里营镇刘庄村、临颍县新城街道办事处邢庄村。从上述数据可以看出，河南省大

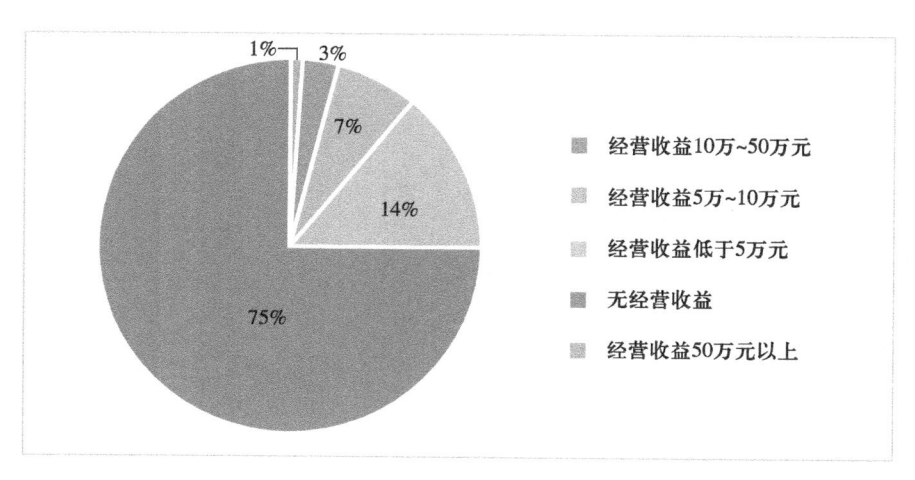

图3-8 2019年河南省农村集体经济资产收益情况

部分农村集体经济还没有经营收益,整体来看发展还不均衡,需要进一步盘活资产,提高经营收益,财政支持的需求空间很大。

三、农村集体经济的经营方式较为灵活

河南省一直大力支持农村集体经济的发展,鼓励各地积极进行探索。从全省各地的具体情况来看,目前探索出的农村集体经济经营方式可归纳为资源开发型、物业租赁型、乡村旅游型、联合发展型等,经营方式较为灵活。例如遂平县统筹区域资源,探索形成了"1+6"集体经济发展模式,即在坚持党建引领的基础上,形成了6种发展模式;濮阳市按照划分村庄类别、厘清发展思路、壮大集体经济的步骤,将村庄划分为7个类别,并针对不同类别的村庄探索发展集体经济的方式。

四、新型农村集体组织发展迅速

近年来,河南省农村集体组织中农民专业合作社和家庭农场两类新型农业经营主体蓬勃发展,成为推动河南省农村集体经济发展的重要力量。截至2019年年底,河南省共有约9万个农民专业合作社、10万个专业大户、120万名社员,以及3万个家庭农场,新型农村集体组织呈现出快速发展的势头,

新型经营主体不断壮大。这些新型经营主体在农业企业、合作社与农民之间建立起了利益联结机制，促进了现代农业的发展，提高了农民的收入水平。

第四节 河南省财政支持农村集体经济发展的现状

近年来，河南省财政部门高度重视农村集体经济的发展，积极发挥职能作用，坚持农业农村优先发展的思路，从各个角度扶持和推动农村集体经济发展，取得了一系列的成果。同时，河南省计划运用中央及省财政资金，4年共扶持5000个左右的行政村，到2022年基本实现每个农村集体组织均有稳定的收入，消除"空壳村"，提高河南省农村集体经济的发展水平。但总体来看，由于农业发展会受到多种自然因素的制约，同时，河南省农村集体经济实力整体还相对薄弱，且自身结构上还存在不足，这些因素都影响到了农村集体经济的发展。尽管河南省采取了诸多财政政策支持农村集体经济发展，在一定程度上也取得了一些成效，但支持过程中仍存在一些不足。

一、财政资金总体投入不足

河南省是农业大省，也是人口大省，农业支出在各项财政支出中所占的比重较大。虽然河南省对农村集体经济的扶持力度一直在加大，但相较而言，无论是从总量还是从人均水平来看，财政对农业的资金投入仍显不足。此外，也存在着资金分散、重点不突出、使用效率低等问题，财政资金的支持方向有待进一步精准化。

二、支出结构仍不完善

当前河南省财政对农村集体经济的支出结构仍不够完善，主要表现在三个方面。

第一，财政直接补助规模较小。由于河南省农村集体经济基础仍然比较薄弱，需要财政的大力支持。但现实中，财政补贴一直处于辅助地位，并非支持农村集体经济发展的主要手段。

第二，财政补贴对农村集体经济组织的支持力度还不够大。现有补贴更多地侧重于龙头农业企业，对农村集体经济组织的扶持力度较弱，因此会制约农村集体经济的发展。同时，由于财政补贴准确性不高，导致补贴效率较低，具体的财政政策在实际落实过程中，牵扯部门较多，部门之间难以相互协调，既增加了沟通成本，也加大了政策的推行成本，还影响了财政政策的实效性。

第三，当前财政对科技和公共基础设施方面的支持力度较小。本书第四章的研究结果显示，科技和公共基础设施是影响河南省农村集体经济发展的重要因素，但现有补贴大多集中在粮食等农产品，以及农药、化肥、农机具等生产资料上，对科技和公共基础设施方面的支持相对欠缺，不利于农村集体经济的发展。

三、税收优惠政策操作性不高

当前财政扶持政策需要进一步提高操作性，例如针对农村集体组织、组织成员等的税收优惠政策，充分调动了集体组织的生产积极性，提高了生产效率。但这些税收优惠政策在实际操作过程中存在一定的困难，具体表现在三个方面。

第一，缺乏明确的补贴细则。税收优惠与相关职责划分不够明确，对于基层和农村集体组织来说，缺乏明晰的条例作为指导，增加了政策实施难度。

第二，优惠条件界定难度大。当前河南省农村集体组织中职能人员素质能力仍有待提高，再加上组织内财务会计制度还不完善，对于财政部门推出的优惠政策，难以准确划定认定条件，导致财政优惠政策很难真正落到实处。

第三，执行难度较大。目前财政部门对农村集体经济的扶持政策，除了缺少明晰的政策条文（或者有政策条文但农村集体组织难以理解到位），很多财政政策也缺乏明确的量化措施，增加了实施的难度，影响了财政政策扶持农村集体经济发展的效果。

第四章　河南省农村集体经济发展的关键因素研究

要深入研究河南省农村集体经济发展的影响因素，并从中识别出关键的影响因素，不仅需要系统性的理论分析，更需要理论联系实际的实证分析。在本研究中，笔者通过发放并回收和分析调查问卷的方法，提取了影响河南省农村集体经济的发展关键因素。

第一节　识别影响因素的原则

一、局部与整体兼顾的原则

农村集体经济发展涉及因素较多。在确定影响因素的时候，既要考虑到农村集体经济发展过程中受到的不同影响因素的影响，也要考虑到将农村集体经济看作一个整体，进而选取整体上对农村集体经济发展产生影响的因素。也就是说，要坚持局部划分与整体兼顾的原则。

二、客观全面性原则

在识别河南省农村集体经济发展关键因素的过程中,不能主观随意地进行选择,而是要结合河南省农村集体经济发展的实际情况,坚持客观性原则。同时,也要全盘考虑,统筹兼顾,力争避免出现遗漏,将所有重要的影响因素均纳入研究设计中。

三、内部影响因素与外部影响因素兼顾的原则

农村集体经济在运行的过程中,既会受到外部环境因素的影响,也会受到其内部因素的影响,将这两个方面的因素很好地结合起来,是全面识别农村集体经济有效运行影响因素的关键。因此,在识别河南省农村集体经济发展关键因素的过程中,要坚持内部影响因素与外部影响因素兼顾的原则。

四、文献整理与实践经验相结合的原则

已有很多学者对农村集体经济发展的影响因素进行了初步研究,这些研究也都从各自的角度提出了一些农村集体经济有效运行的影响因素,本书将根据这些研究,从理论角度对农村集体经济有效运行的影响因素进行识别。同时,通过与业内专

家访谈沟通、与农村集体经济成员进行调研访谈等途径，从实践的角度对农村集体经济有效运行的影响因素进行识别。

第二节 关键因素的分析和关键影响因素的获取方法

一、关键因素的分析

本书在借鉴农村集体经济发展影响因素相关研究文献的基础上，结合河南省农村集体经济发展的现状及财政支持的现状，通过调研、访谈等方式挖掘当前影响农村集体经济发展的重要因素，通过与相关专家学者交流沟通，进而筛选确定关键影响因素。

二、关键影响因素的获取方法

本书采用微观调查和宏观分析的方法对河南省农村集体经济发展的关键因素进行了深入分析。根据河南省农村集体经济的发展实际情况，采用理论与实际相结合的方法，构建相关影响因素类属的具体指标，并采用调查法，通过设计调查问卷收集所需数据。调研的对象主要选择河南省农村集体经济的经营主体、政府部门、研究该领域的专家学者等，利用信度检验、效度检验、验证性因子分析对数据进行检验，构建结构方程对因子路径加以模型估计，主要采用 SPSS 软件和结构方程模型的 AMOS 数据处理软件进行数据分析处理，通过对研究假设进行分析，进而确定河南省农村集体经济发展的关键影响因素。

第三节 研究设计

一、问卷的设计及数据的收集

在对影响河南省农村集体经济发展的关键因素进行深入分析之后，解决了影响因素的识别及各因素之间的逻辑关系问题，下一步要分析各影响因素之间的影响权重问题。本节基于问卷调查的数据，对关键影响因素的权重进行研究。

笔者通过实地调研和深度访谈，了解了河南省农村集体经济发展影响要素的基本情况，便进行初步的问卷设计。通过征求专家意见及小范围的预调研，对调查问卷设计进行调整和完善，提高问卷的合理性。调查问卷的总体设计原则，一方面是结合目前国内外关于农村集体经济发展影响因素的研究成果，对相关指标进行宏观上的把握；另一方面是结合研究目的，通过实地调研获取相关指标因素。问卷设计主要由三部分组成：第一部分是被调查者的基本信息。通过这部分题项的设计，了解被调查者的基本情况及其对河南省农村集体经济发展影响因

第四章 河南省农村集体经济发展的关键因素研究

素的了解及熟悉程度，以提高问卷研究的质量。第二部分是确定影响河南省农村集体经济发展的变量指标。这部分内容主要是对政府政策、资源禀赋、技术因素、基础设施、人力资源、产业组织水平等方面的测量，共包括 26 个变量。第三部分测量影响变量的权重，这部分主要用发展成效来表示。在计分方法上采取 Likert scale 量表法，量化每一个被调研者的态度，得分越高，表示该变量在描述项方面对河南省农村集体经济发展的影响越大。

为了保障问卷调查的质量，本研究在前期设计阶段对收集到的与农村集体经济发展影响因素有关的国内外参考文献进行了仔细梳理和分析，在充分吸收这些文献经验的基础上，结合河南省及全省各地农村集体经济的发展现状，完成调查问卷中相关指标的构建并设计出调查问卷的初稿，就调查问卷初稿征求政府部门、相关领域专家、农业龙头企业管理者的意见。然后根据他们反馈的意见对调查问卷进行修改，提高问卷设计的科学性和合理性。最后，选择河南省南街村进行小规模的问卷调查，以测试问卷的实际效果，并根据测试结果再次对问卷进行修改和完善，进而形成调查问卷的终稿。期间受新冠肺炎疫情影响，发放、回收问卷受到了不同程度的客观制约。

二、变量设定

在设定具体变量时，考虑到农村集体经济的复杂性，其发展可能存在众多影响因素，不能用单一的指标对研究问题进行设定。因为单一的指标很难做到对某一影响因素进行全面、合理的反映，同时为了遵循客观性原则，在选择指标的时候尽量结合现有研究基础及发展的实际情况。在上述考量的基础上，本书在进行变量设定时，将二级指标的影响因素进行分解，从不同角度进行阐述，具体设计时将研究变量进行多指标分解，通过不同的分解因子解释研究变量的具体影响，同时将单一的变量平均化，消除不同指标量纲的影响。上述步骤在一定程度上可以避免变量设定的单一性及可能产生的误差，提高了变量设定的科学性和可靠性。具体变量设定及问题项代码如表4-1所示。

表4-1 变量设定及问题项代码

变量	问题项	代码
政策支持 GS	财政政策的支持	GS1
	当前农村普惠金融的力度	GS2
	当地政府对农民观念的引导	GS3
	当地政府对农村产业的指导	GS4
	当地政府的扶贫政策及效果	GS5

第四章 河南省农村集体经济发展的关键因素研究

续表

变量	问题项	代码
基础设施 IC	乡村的基础设施	IC1
	乡村的网络基础设施	IC2
	乡村的区位条件	IC3
	当地城镇的区位条件	IC4
资源禀赋 RS	当地的土地资源	RS1
	当地的水资源	RS2
	当地的旅游资源	RS3
	当地的自然资源	RS4
技术因素 TS	农业科技的推广力度	TS1
	农业科技资源的支持力度	TS2
	农村电子商务的发展	TS3
	农业产业园的建设	TS4
	当地农业科技资源的融合	TS5
人力资源 FQ	当地农民的技能水平	FQ1
	新型职业农民的培育	FQ2
	农村集体负责人的能力水平	FQ3
	农村集体成员的能力水平	FQ4
产业组织水平 OS	龙头企业的引领作用	OS1
	合作社的引领作用	OS2
	家庭农场的引领作用	OS3
	机械化组织水平	OS4
农村集体经济发展状况 DE	近三年农村集体经济增加幅度较大	DE1
	近三年农村集体组织成员收入增加幅度较大	DE2
	近三年农村集体经济竞争力明显增强	DE3

第四节 数据来源与处理

一、数据来源

在样本的选择上，本研究主要向以下三类人员发放调查问卷：①高校教授，这些教授的研究领域涉及"三农"发展、政府财政、农村集体经济、农村扶贫等，他们主要来自河南大学、郑州航空工业管理学院、河南财经政法大学、河南农业大学、西北工业大学和西北农林科技大学等；②河南省农村集体经济主体管理人员；③河南省农村集体经济经营主体工作人员，例如财务人员、销售人员、采购人员等。整个调查问卷的发放工作从2019年6月初持续到2020年12月底，历时约1年6个月，因为新冠肺炎疫情严重影响了研究的进度。根据本研究的需要，确定调查对象后共发放了292份调查问卷，回收了249份，其中有效的调查问卷为220份，回收率为85.3%，有效回收率为88.4%。

本研究中设定的无效调查问卷认定标准包括：①出现了3个以上的问题没有回答，或答案填写不规范；②问卷中连续多个题项或者全部题项答案相同；③被调查对象不符合要求，与研究无关人员的问卷不具参考价值；④问卷答案明显前后矛盾。

二、描述性统计

调查问卷中的基本信息包括年龄、受教育程度、职位、收入、所属行业等方面,分别对这些信息进行描述性统计,具体结果如表4-2所示。可以看出,被调查对象的年龄在40~50岁的占比达39.3%,50~60岁的被调查者占比为18.2%,60岁以上的被调查者占比为5.1%,而20~30岁的被调查者占比为12.3%,30~40岁的被调查者占比25.1%。被调研对象年龄分布主要集中在40~60岁,年轻人占比偏少。

表4-2 年龄的描述性统计结果

	频率	百分比/%	有效百分比/%	累计百分比/%
20~30岁	27	12.3	12.3	12.3
30~40岁	55	25.1	25.1	37.4
40~50岁	86	39.3	39.3	76.7
50~60岁	40	18.2	18.2	94.9
60岁以上	11	5.1	5.1	100
合计	220	100	100	

从表4-3可以看出,被调研对象受教育程度主要集中在小学与初中,合计占比高达62.4%,高中学历的占比为23.3%,本科及以上学历的占比为14.3%。

表 4-3　受教育程度的描述性统计结果

	频率	百分比 /%	有效百分比 /%	累计百分比 /%
小学	27	30.3	30.3	30.3
初中	55	32.1	32.1	62.4
高中	86	23.3	23.3	85.7
本科及以上	40	14.3	14.3	100
合计	220	100	100	

由于我们在调研时发现，很多农户的职位是重叠的，因此用多项选择的方式进行筛选，统计结果高于实际调研人数。从表4-4可以看出，种养大户被选择了152次，在被调研主体中占比最高（53.5%），村干部被选择了33次，农村集体经济负责人被选择了40次，农村集体经济主体职能人员被选择了38次。

表 4-4　职位的描述性统计结果

调查对象	频率	百分比 /%	有效百分比 /%	累计百分比 /%
种养大户	152	53.5	53.5	53.5
农村集体经济负责人	40	14.1	14.1	67.6
村干部	33	11.6	11.6	79.2
职能人员	38	13.4	13.4	92.6
专家学者	21	7.4	7.4	100
合计	284	100	100	

从表4-5可以看出，被调研对象（农村集体经济组织中

的村民）平均收入在1万~2万元的最多，占比为48.2%；其次是2万~3万元的，占比为22.8%；3万元及以上的占比为15.9%；1万元以下的占比13.1%，相对较少。

表4-5　农村集体经济组织中农民的个人年收入

收入	频率	百分比/%	有效百分比/%	累计百分比/%
0.5万~1万元	29	13.1	30.3	30.3
1万~2万元	106	48.2	32.1	62.4
2万~3万元	50	22.8	23.3	85.7
3万元及以上	35	15.9	14.3	100
合计	220	100	100	

从表4-6可以看出，被调查对象所属的细分行业中，传统农业占比最高，达到58.9%，特色农业占比为16.2%，休闲旅游农业占比为10.1%，农产品加工业和农业物流业占比在10%以下。这说明河南省当前农村集体经济主要处于产业链的低端，附加值高的特色、休闲、加工类行业占比偏低。

表4-6　所属行业的描述性统计结果

细分行业	频率	百分比/%	有效百分比/%	累计百分比/%
传统农业	130	58.9	58.9	58.9
特色农业	36	16.2	16.2	75.1
休闲旅游农业	22	10.1	10.1	85.2
农产品加工业	21	9.4	9.4	94.6
农业物流业	5	5.4	5.4	100
合计	220	100	100	

第五节　数据分析

一、信度与效度分析

1. 信度分析

Cronbach's α 系数分析法常被用来进行信度分析，Cronbach's α 系数值处于 0~1 之间，问卷设计的信度分析中 Cronbach's α 系数值大于等于 0.7，说明具有相当高的信度。本研究使用 SPSS 21.0 软件对问卷中的各个变量进行信度检验，检验结果如下。

（1）政策支持。本书共设计了 5 个测试变量衡量政策支持，从校正变量与总分相关变量删除前后的 Cronbach's α 值来看，GS3 指标的统计量不理想。政策支持变量具体检验结果如表 4-7 所示，从中可以看出，政策支持信度检验的 Cronbach's α 值为 0.791，若删除问题项 GS3，Cronbach's α 值统计量可提高到 0.821，因此将问题项 GS3 从该问卷中删除。

表 4-7　政策支持的信度检验结果

	项数	Cronbach's α	问题项	删除后的 Cronbach's α
政策支持 GS	5	0.791	GS1	0.786
			GS2	0.805
			GS3	0.821
			GS4	0.765
			GS5	0.768

（2）基础设施。本书共设计了4个测试变量衡量基础设施，信度检验的结果整理后如表4-8所示。可以看出，基础设施的Cronbach's α值为0.917，与政策支持的检验结果不同，无法通过删除问题项提高Cronbach's α值，因此将4个问题项保留。

表4-8 基础设施的信度检验结果

	项数	Cronbach's α	问题项	删除后的Cronbach's α
基础设施 IC	4	0.917	IC1	0.901
			IC2	0.901
			IC3	0.889
			IC4	0.899

（3）资源禀赋。本书共设计了4个测试变量衡量资源禀赋，信度检验的结果整理后如表4-9所示。可以看出，该问卷的Cronbach's α值为0.921，无法通过删除问题项提高Cronbach's α值，因此将4个问题项保留。

表4-9 资源禀赋的信度检验结果

	项数	Cronbach's α	问题项	删除后的Cronbach's α
资源禀赋 RS	4	0.921	RS1	0.915
			RS2	0.915
			RS3	0.902
			RS4	0.913

（4）技术因素。本书共设计了5个测试变量衡量技术因素，从校正变量与总分相关变量删除前后的Cronbach's α值来看，第4个指标的统计量不理想。对该项目进行信度检验的结果整理后如表4-10所示，可以看出，技术因素信度检验的Cronbach's α值为0.811，若删除问题项TS4，Cronbach's α值统计量可提高到0.863，因此将TS4从该问卷中删除。

表4-10 技术因素的信度检验结果

	项数	Cronbach's α	问题项	删除后的Cronbach's α
技术因素 TS	5	0.811	TS1	0.798
			TS2	0.798
			TS3	0.815
			TS4	0.863
			TS5	0.821

（5）人力资源。本书共设计了4个测试变量来衡量人力资源，信度检验的结果整理后如表4-11所示。可以看出，该问卷的Cronbach's α值为0.922，无法通过删除问题项提高Cronbach's α值，因此将4个问题项保留。

表4-11 人力资源的信度检验结果

	项数	Cronbach's α	问题项	删除后的Cronbach's α
人力资源 FQ	4	0.922	FQ1	0.908
			FQ2	0.907
			FQ3	0.856
			FQ4	0.911

第四章 河南省农村集体经济发展的关键因素研究

（6）产业组织水平。本书共设计了 4 个测试变量来衡量产业组织水平，信度检验的结果整理后如表 4-12 所示。可以看出，该问卷的 Cronbach's α 值为 0.916，无法通过删除问题项提高 Cronbach's α 值，因此将 4 个问题项保留。

表 4-12　人力资源的信度检验结果

	项数	Cronbach's α	问题项	删除后的 Cronbach's α
基础设施 OS	4	0.916	OS1	0.911
			OS2	0.914
			OS3	0.899
			OS4	0.913

综上所述，经过以上信度检验及修正后所得到各变量的 Cronbach's α 值：政策支持为 0.821、基础设施为 0.917、资源禀赋为 0.921、技术因素为 0.863、人力资源为 0.922、产业组织水平为 0.916。

2. 效度分析

效度分析是对问卷测量结果与效标的相关程度进行测量，可以反映被测目标与测量结果的相关性。一般来说，效度越高，反映出测量的准确度越高。由于因子分析的变量需要具备相关性，否则无法通过因子分析进行降维处理，故本书选择 KMO 检验和 Bartlett 球形检验来进行相关性检验。对于 KMO 检验来说，取值范围为 [0，1]，取值越大，表明变量共线性程度越高，即取值越接近1，因子分析的效果越好，取值在0.5以下，则不适合做因子分析。同样，利用Bartlett球形检验也可以判断变量的共同因素含量，因此本书首先进行KMO检验和Bartlett球形检验判断，然后再做因子分析。

检验结果显示：Bartlett球形检验统计量为3.458E3，检验的P值接近0，表明上述变量之间共同因素含量较高，有较强的相关关系。而KMO统计量为0.867，大于0.5，与Bartlett球形检验的结果类似，变量之间的相关程度较高，适合做因子分析。

二、验证性因子分析

在信度检验和效度检验的基础上，构建结构方程模型进行分析时要进行验证性因子分析。验证性因子分析可以检验各因子与相对应的测度项的关系是否符合本书的研究设计思路，因此选用常用的拟合指标体系，利用AMOS 23.0软件分别对各变量进行验证性因子分析，具体的拟合指标如表4-13所示。

表4-13 具体的拟合指标

拟合指标	指标	数值范围	理想数值
绝对拟合指标	X^2/df	0以上	1~3
	RMSEA	0以上	小于0.08
	GFI	0~1	大于0.9
	AGFI	0~1	大于0.9

续表

拟合指标	指标	数值范围	理想数值
相对拟合指标	NFI	0~1	大于 0.9
	IFI	0~1	大于 0.9
	CFI	0~1	大于 0.9

1. 政策支持的验证性因子分析

政策支持的验证性因子分析结果如图 4-1 所以，拟合指标的实际值与参考值如表 4-14 所示。可以看出，X^2/df 值为 2.142，大于 1 且小于 3；GFI 值为 0.971，大于 0.9；NFI 值为 0.966，大于 0.9；IFI 值为 0.978，均超过了 0.9 的理想水平。RMSEA 的值为 0.065，小于 0.08。通过比较检验结果的实际值与参考值可以看出，构建的模型具有较好的拟合优度，各项指标基本符合本书的设计思路，且政策支持的各问题项标准化因子载荷值均在 0.6 以上，说明 4 个问题项的设计都较好地测量了政策支持变量。

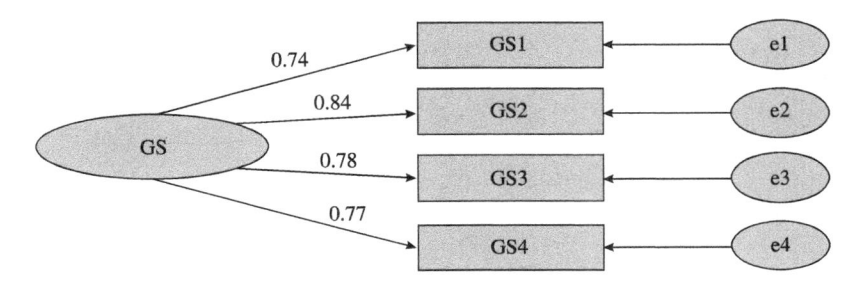

图 4-1 政府支持的验证性因子分析结果

表 4-14 政策支持验证性因子分析拟合指标的实际值与参考值

指标	X^2/df	P	NFI	CFI	IFI	GFI	RFI	RMR	$RMSEA$
拟合值	2.142	0.047	0.966	0.978	0.978	0.971	0.948	0.033	0.065
参考值	<5	<0.2	>0.9	>0.9	>0.9	>0.9	>0.9	<0.07	<0.2

2. 基础设施的验证性因子分析

基础设施的验证性因子分析结果如图 4-2 所示，拟合指标的实际值与参考值如表 4-15 所示。可以看出，X^2/df 值为 3.263，大于 1 且小于 3；GFI 值为 0.980，大于 0.9；NFI 值为 0.971，大于 0.9；IFI 值为 0.975，均超过了 0.9 的理想水平。$RMSEA$ 的值为 0.072，小于 0.08。通过比较检验结果的实际值与参考值可以看出，构建的模型具有较好的拟合优度，各项指标基本符合本书的设计思路，且基础设施的各问题项标准化因子载荷值均在 0.6 以上，说明 4 个问题项的设计都较好地测量了基础设施变量。

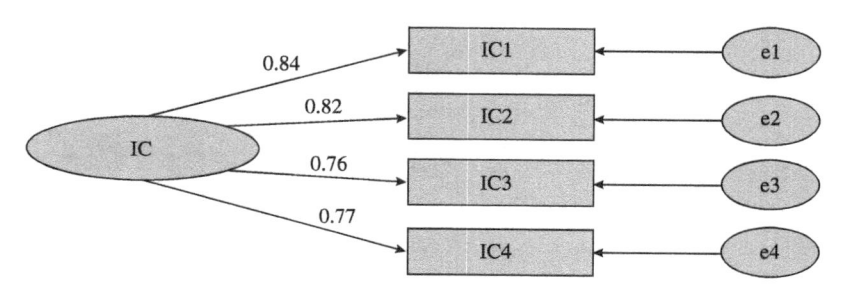

图 4-2 基础设施的验证性因子分析结果

表 4-15 基础设施验证性因子分析拟合指标的实际值与参考值

指标	X^2/df	P	NFI	CFI	IFI	GFI	RFI	RMR	RMSEA
拟合值	3.263	0.031	0.971	0.975	0.975	0.980	0.972	0.012	0.072
参考值	<5	<0.1	>0.9	>0.9	>0.9	>0.9	>0.9	<0.07	<0.1

3. 资源禀赋的验证性因子分析

资源禀赋的验证性因子分析结果如图 4-3 所示，拟合指标的实际值与参考值如表 4-16 所示。可以看出，X^2/df 值为 2.887，大于 1 且小于 3；GFI 值为 0.965，大于 0.9；NFI 值为 0.953，大于 0.9；IFI 值为 0.976，均超过了 0.9 的理想水平。RMSEA 的值为 0.078，小于 0.08。通过比较检验结果的实际值与参考值可以看出，构建的模型具有较好的拟合优度，各项指标基本符合本书的设计思路，且资源禀赋的各问题项标准化因子载荷值均在 0.6 以上，说明 4 个问题项的设计都较好地测量了资源禀赋变量。

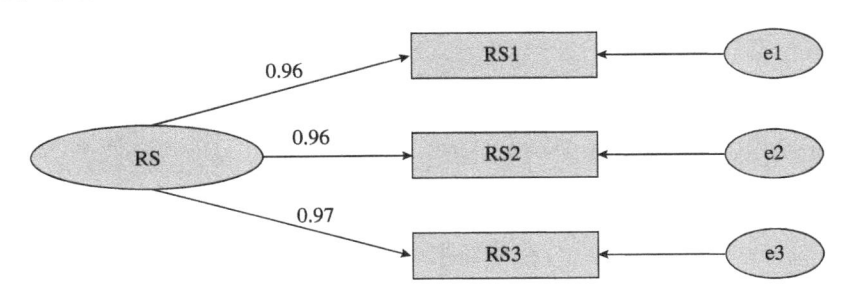

图 4-3 资源禀赋的验证性因子分析结果

表 4-16　资源禀赋验证性因子分析拟合指标的实际值与参考值

指标	X^2/df	P	NFI	CFI	IFI	GFI	RFI	RMR	RMSEA
拟合值	2.887	0.06	0.953	0.977	0.976	0.965	0.966	0.012	0.078
参考值	<5	<0.1	>0.9	>0.9	>0.9	>0.9	>0.9	<0.07	<0.1

4. 技术因素的验证性因子分析

技术因素的验证性因子分析结果如图4-4所示，拟合指标的实际值与参考值如表4-17所示。可以看出，X^2/df值为2.115，大于1且小于5；GFI值为0.983，大于0.9；NFI值为0.966，大于0.9；IFI值为0.981，均超过了0.9的理想水平。RMSEA值为0.051，小于0.08。通过比较检验结果的实际值与参考值可以看出，构建的模型具有较好的拟合优度，各项指标基本符合本书的设计思路，且技术因素的各问题项标准化因子载荷值均在0.6以上，说明4个问题项的设计都较好地测量了技术因素变量。

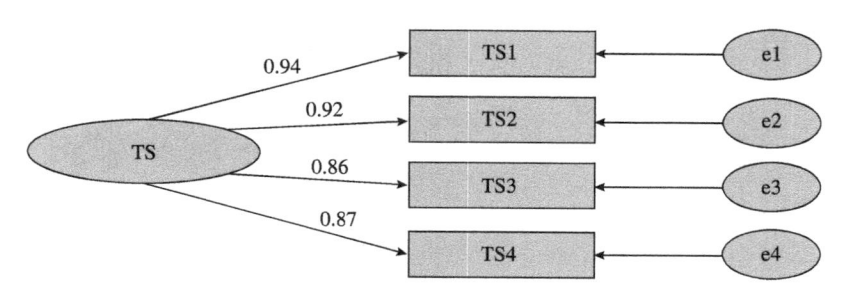

图 4-4　技术因素的验证性因子分析结果

表 4-17 技术因素验证性因子分析拟合指标的实际值与参考值

指标	X^2/df	P	NFI	CFI	IFI	GFI	RFI	RMR	RMSEA
拟合值	2.115	0.029	0.966	0.967	0.981	0.983	0.984	0.059	0.051
参考值	<5	<0.1	>0.9	>0.9	>0.9	>0.9	>0.9	<0.07	<0.1

5. 人力资源的验证性因子分析

人力资源的验证性因子分析结果如图 4-5 所示，拟合指标的实际值与参考值如表 4-18 所示。可以看出，X^2/df 值为 3.385，大于 1 且小于 5；GFI 值为 0.954，大于 0.9；NFI 值为 0.954，大于 0.9；IFI 值为 0.954，均超过了 0.9 的理想水平。RMSEA 的值为 0.023，小于 0.08。过比较检验结果的实际值与参考值可以看出，构建的模型具有较好的拟合优度，各项指标基本符合本书的设计思路，且人力资源的各问题项标准化因子载荷值均在 0.6 以上，说明 4 个问题项的设计都较好地测量了人力资源变量。

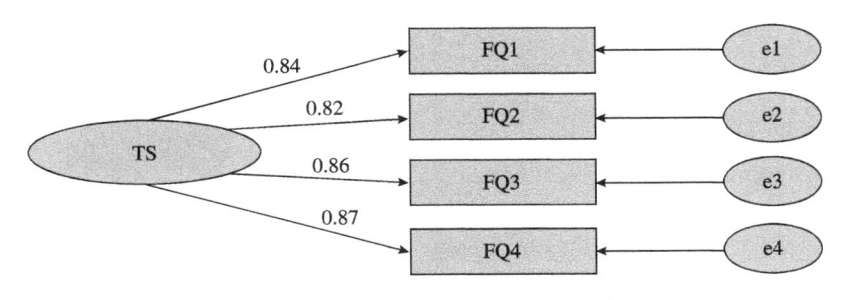

图 4-5 人力资源的验证性因子分析结果

表 4-18　人力资源验证性因子分析拟合指标的实际值与参考值

指标	X^2/df	P	NFI	CFI	IFI	GFI	RFI	RMR	$RMSEA$
拟合值	3.385	0.024	0.954	0.955	0.954	0.954	0.960	0.051	0.023
参考值	<5	<0.1	>0.9	>0.9	>0.9	>0.9	>0.9	<0.07	<0.1

6. 产业组织水平的验证性因子分析

产业组织水平的验证性因子分析结果如图 4-6 所示，拟合指标的实际值与参考值如表 4-19 所示。可以看出，X^2/df 值为 4.101，大于 1 且小于 5；GFI 值为 0.961，大于 0.9；NFI 值为 0.972，大于 0.9；IFI 值为 0.974，均超过了 0.9 的理想水平。$RMSEA$ 的值为 0.075，小于 0.08。过比较检验结果的实际值与参考值可以看出，构建的模型具有较好的拟合优度，各项指标基本符合本书的设计思路，且产业组织水平的各问题项标准化因子载荷值均在 0.6 以上，说明 4 个问题项的设计都较好地测量了产业组织水平变量。

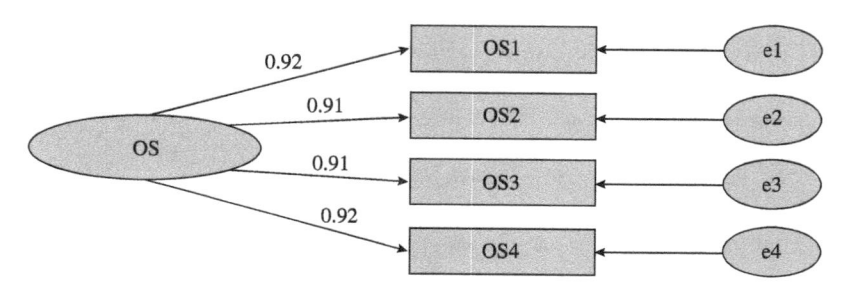

图 4-6　产业组织水平的验证性因子分析结果

表 4-19 产业组织水平验证性因子分析拟合指标的实际值与参考值

指标	X^2/df	P	NFI	CFI	IFI	GFI	RFI	RMR	RMSEA
拟合值	4.101	0.015	0.972	0.985	0.974	0.961	0.933	0.032	0.075
参考值	< 5	< 0.1	> 0.9	> 0.9	> 0.9	> 0.9	> 0.9	< 0.07	< 0.1

综上所述，进行验证性因子分析之后，我们发现各项指标基本符合本书的设计思路，模型显示出较好拟合优度。同时，各问题项的标准化因子载荷值均在 0.6 以上，说明各个问题项都较好地测量了农村集体经济发展的关键因素变量。

三、结构方程模型构建与分析

本书利用 AMOS 23.0 软件进行结构方程建模与数据处理，并对变量之间的路径关系假设进行了检验。与传统的统计方法相比，结构方程模型可以解决不可观测潜变量的处理问题，也可以同时考虑并处理多个因变量，允许自变量和因变量均含测量误差。结构方程模型还可以同时估计因子结构和因子关系，允许更大的弹性，也可以估计整个模型的整体拟合度。

根据本书的研究设计，结合验证性因子分析结果，本书所建立的农村集体经济发展关键影响因素的结构方程模型如图 4-7 所示，结构方程的估计结果如图 4-8 所示。

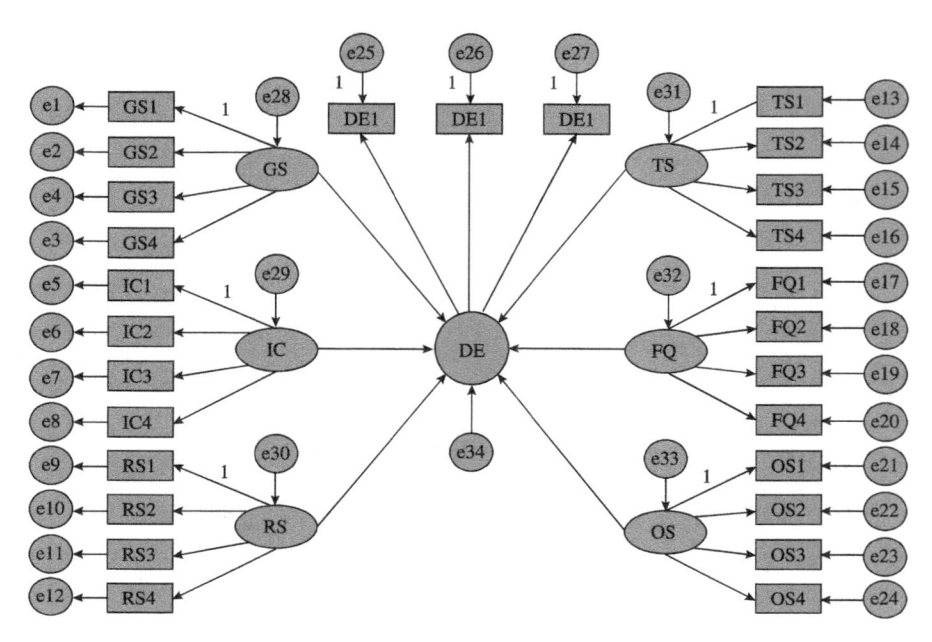

图 4-7 农村集体经济发展关键影响因素的结构方程模型

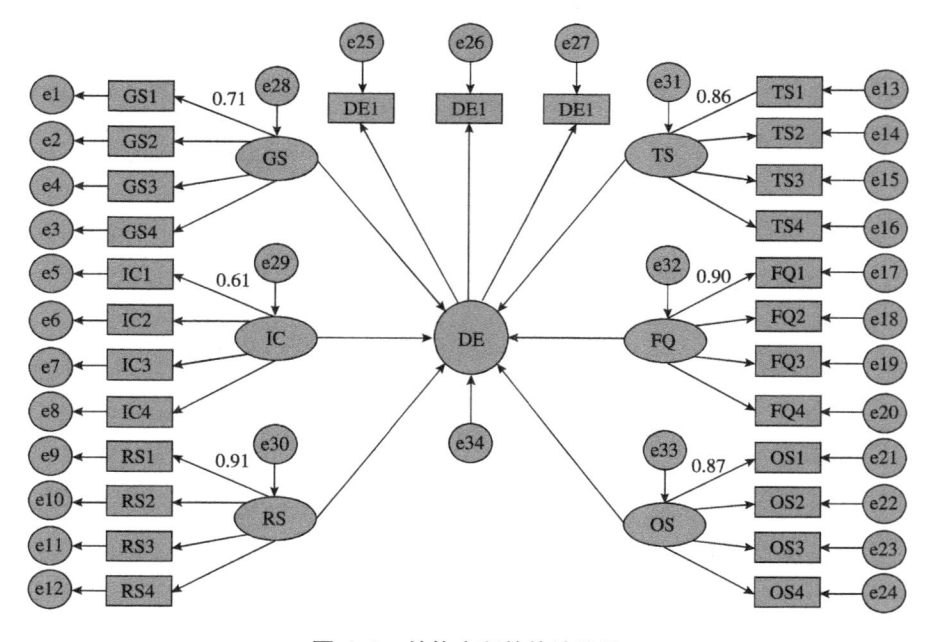

图 4-8 结构方程的估计结果

从表 4-20 可以看出，X^2/df 值为 2.176，大于 1 且小于 5；GFI 值为 0.965，大于 0.9；NFI 值为 0.901，大于 0.9；IFI 值为 0.965，均超过了 0.9 的理想水平。$RMSEA$ 的值为 0.034，小于 0.08。比较以上各拟合指标的实际值与参考值可知，各项指标基本符合要求，说明本书所建立的农村集体经济发展关键影响因素结构方程模型拟合效果比较理想。

表 4-20 结构方程模型拟合指标的实际值与参考值

指标	X^2/df	P	NFI	CFI	IFI	GFI	RFI	RMR	$RMSEA$
拟合值	2.176	0.065	0.901	0.985	0.965	0.965	0.921	0.049	0.034
参考值	< 5	< 0.1	> 0.9	> 0.9	> 0.9	> 0.9	> 0.9	< 0.07	< 0.1

根据以上结构方程模型估计结果，得到的结构方程估计结果及各测量模型的路径系数情况如表 4-21 所示。可以看出，在河南省农村集体经济发展的影响因素中，政府政策支持对农村集体经济发展的影响最大，标准化路径系数为 0.233；人力资源和技术因素影响较大，标准化路径系数分别为 0.192 和 0.186；基础设施路径系数为 0.170；产业组织水平影响较小，排第五，标准化路径系数为 0.166；资源禀赋标准化路径系数为 0.151，相对影响最小。

表 4-21 结构方程估计结果及各测量模型的路径系数

路径			未标准化路径系数	S.E.	C.R.	P	标准化路径系数
DE	<…	GS	0.189	0.062	2.932	0.004	0.233
DE	<…	IC	0.157	0.053	2.822	0.002	0.170
DE	<…	RS	0.156	0.055	2.784	0.005	0.151
DE	<…	TS	0.152	0.064	2.516	0.009	0.186
DE	<…	FQ	0.177	0.063	2.326	0.012	0.192
DE	<…	OS	0.167	0.060	2.211	0.017	0.166

根据上述分析，河南省农村集体经济发展影响因素路径系数均通过了 5% 水平的显著性检验。政策支持 GS、基础设施 IC、资源禀赋 RS、技术因素 TS、人力资源 FQ、产业组织化水平 OS 对农村集体经济发展状况 DE 的标准化路径系数都为正数，这说明政府政策、基础设施、资源禀赋、技术因素、素质能力、生产组织方式都对河南省农村集体经济的发展产生了显著的正向影响。

从各个因素来看，首先，政策支持的影响程度最大。其次，人力资源、技术因素、基础设施、组织方式对河南省农村集体经济发展的推动作用非常显著。所以在今后的发展中，最主要的依然是持续不断地加大政府支持的力度。

人力资源是推动河南省农村集体经济发展的第二大影响因素，新型职业农民的培育、农民的技能水平、农村集体负责人的素质对农村集体经济的发展至关重要。因此在今后的发展中，从财政支持的角度看，要更加注重人才的培养，积极引导返乡农民创业，加强对人力资源的培训。

推动河南省农村集体经济发展的第三大影响因素是技术因素。农业科技的推广力度、农业科技资源的支持力度、农村电子商务的发展、当地农业科技资源的融合等均会影响农村集体经济的发展。从财政支持的角度看，要着力促进当地农业科技的发展，鼓励农业科技资源主动与农村集体经济融合发展，给农村电子商务的发展给予财政支持。

推动河南省农村集体经济发展第四大影响因素是基础设施。正所谓"要想富，先修路"，当地乡村的基础设施、网络基础设施、区位条件以及当地城镇的区位条件都会影响当地农村集体经济的发展，尤其是网络基础设施的影响越来越大，关系到农村集体经济与外界的交流与贸易。从财政支持的角度看，对于农村集体经济活跃的地区，应当加大网络基础设施的建设与完善。

产业组织水平也是推动河南省农村集体经济发展的因素之一。龙头企业的引领作用、合作社的引领作用、家庭农场的引领作用，以及机械化组织水平都影响着农村集体经济的发展。从财政支持的角度看，可通过奖励支持策略，扶持当地龙头企业、合作社及家庭农场的发展，进而通过组织带动农村集体经济的发展。

在河南省农村集体经济发展的影响因素中，自然资源对经济发展的推动力度相对较弱。可能是因为河南地处中原，当地的土地资源、水资源等自然资源条件相差不大，并不是决定农村集体经济发展的决定性因素，推动河南省农村集体经济发展的影响因素更多的是"人力"因素。具体结果如表4-22所示。

表4-22 结构方程估计结果

路径			未标准化路径系数	S.E.	C.R.	P	标准化路径系数
GS1	<---	GS	1.000				0.747
GS2	<---	GS	0.882	0.081	8.458	***	0.651
GS3	<---	GS	0.923	0.077	2.305	***	0.721
GS4	<---	GS	0.999	0.082	11.221	***	0.754
IC1	<---	IC	1.000				0.754
IC2	<---	IC	0.867	0.055	16.314	***	0.799
IC3	<---	IC	0.889	0.052	17.865	***	0.733
IC4	<---	IC	0.952	0.064	16.209	***	0.715
RS1	<---	RS	1.000				0.688
RS2	<---	RS	0.703	0.035	13.567	***	0.626
RS3	<---	RS	0.731	0.043	21.446	***	0.672
RS4	<---	RS	0.667	0.051	17.671	***	0.666
TS1	<---	TS	1.000				0.233
TS2	<---	TS	0.953	0.022	7.346	***	0.833
TS3	<---	TS	0.822	0.034	6.784	***	0.821

续表

路径			未标准化路径系数	S.E.	C.R.	P	标准化路径系数
TS4	<---	TS	0.914	0.026	6.228	***	0.804
FQ1	<---	FQ	1.000				0.922
FQ2	<---	FQ	0.167	0.060	2.211	***	0.906
FQ3	<---	FQ	0.189	0.062	2.932	***	0.897
FQ4	<---	FQ	0.157	0.053	2.822	***	0.911
OS1	<---	OS	1.000				0.671
OS2	<---	OS	0.152	0.064	2.516	***	0.632
OS3	<---	OS	0.177	0.063	2.326	***	0.621
OS4	<---	OS	0.167	0.060	2.211	***	0.611
DE1	<---	DE	1.000				0.677
DE2	<---	DE	0.854	0.062	1.135	***	0.753
DE3	<---	DE	0.882	0.067	7.669	***	0.658

第五章 河南省财政支持农村集体经济发展的政策建议与机制保障

基于前文的研究结论,结合河南省农村集体经济的发展现状,本章提出河南省财政支持农村集体经济发展的政策建议及机制保障。

第一节 河南省财政支持农村集体经济发展的政策建议

一、加大财政资金投入,强化财政支持力度

首先需要提高对村级集体经济的认识和重视程度。发展壮大村级集体经济是强农业、美农村、富农民的重要举措,是实现乡村振兴的必由之路。促进河南省农村集体经济的发展,不仅关系到河南省农村改革和发展的大局,而且是贯彻习近平新时代中国特色社会主义思想的重要举措。河南省是我国的粮食大省和农业大省,在当前地缘政治、地缘经济不稳定的情况下,河南省"三农"的发展至关重要。根据前文的分析研究,政府政策是河南省农村集体经济发展的第一影响因素,因此在

清醒认识河南省农村集体经济重要性的基础上，要进一步提高对河南省财政资金支持村级集体经济发展的重视程度，积极贯彻落实党中央关于发展村级集体经济的政策措施，加大资金投入，充分利用国家与地方财政资金，推动村级集体经济发展。

二、优化财政支出结构，实行精准化扶持

根据前文的分析，影响农村集体经济发展的因素较多，其中素质能力、技术因素、基础设施、组织方式等因素起着重要的影响作用。因此在考虑具体的财政支出时，要优化当前的财政支出结构，对上述重要影响因子实行精准化扶持。

1. 设立支农政策培训专项资金，提升成员素质能力

我们调研发现，与城镇经济组织相比，农村集体组织的成员需要进一步提升素质能力。河南省应该设立支农政策培训专项资金，根据实际情况科学制订培训计划，邀请经验丰富的管理人才、农业技术人才、专业人才（如会计师）前去授课，动员农村集体组织成员积极听课学习。培训老师要结合实际案例，给农村集体组织成员讲授国家财政法律法规、财政支农政策、惠农政策、农村集体资产管理、村级财务管理等业务知识。通过这些培训，提升农村集体组织成员的素质能力，帮助他们掌握财政资金、扶贫资金等的使用和监管知识，促进支农

政策的贯彻落实。同时，引导他们更好地了解实施乡村振兴战略的总体要求，进而增强廉洁自律和遵纪守法意识。

2. 加大科技支出力度

科技水平对农村集体经济的发展影响重大，根据前文的分析，推动河南省农村集体经济发展的第三大影响因素便是技术因素。农业科技的推广力度、农业科技资源的支持力度、农村电子商务的发展、当地农业科技资源的融合均会影响农村集体经济的发展。因此一要鼓励科研院所、龙头企业、农业能手等主动与当地农村集体经济组织对接融合，提高集体经济组织的创新能力和科技水平；二要侧重支持具有高技术含量、有发展潜力、资源禀赋高的项目，以科技带动集体产业的发展；三要加大对科技资源的扶持力度，增加资金投入，创造良好的科技研究环境，邀请专家学者从技术层面解决当地农村集体经济发展过程中遇到的难题和障碍。

3. 支持农村公共基础设施建设

财政资金在支持农村集体经济发展的过程中，应将侧重点放在公共设施建设和公益事业上，减轻农村集体经济组织的实际负担。一是财政资金应根据当地情况首先完善农田水利、基础道路等大型基础设施建设。对依照现代农业标准进行农田改造、节水灌溉、水土防护及水渠修建等重大工程项目提供支持资金，提升农业生产效率和质量，提高防洪抗灾能力。二是在完善农村生活基础设施的基础上，加强当地的乡村道路、饮水工程建设，进一步改善农村生活条件和生态环境。三是注重网络基础设施建设。当今"互联网+农业"发展如火如荼，正是提升农村经济运行效率、扩大农村市场的重要机遇，要大力支持农村网络基础设施建设，全面实施信息进村入户工程，消除农村的"信息孤岛"。

三、发挥财政资金的引导作用，搭建综合扶持体系

根据河南省农村集体经济发展的特点，在财政支持的引导作用下，鼓励农村金融服务创新，构建"财政+金融"综合性服务体系，突出财政支持的引导作用，有效引导银行、保险、担保、基金、社会资本（银保担基资）等金融资源，使各金融要素形成良好的联动机制，共同助力河南省农村集体经济的发展。

1. 财政鼓励普惠金融，改善农村金融生态环境

支持农村金融机构发展，财政部门安排专项资金对农村金融机构定向费用进行补贴和奖励补助，着力打通农村经济信用体系建设和普惠金融服务的"最后一公里"。支持全省农村合作金融机构改革，通过多种途径（发债、注资入股等方式）优化农村合作金融机构的资本结构，推进农村合作金融机构转换

第五章 河南省财政支持农村集体经济发展的政策建议与机制保障

机制、化解风险，提升对农村集体经济的服务水平。

2. 提高保险质量，推进农业保险全方位覆盖

建立由财政厅牵头的多部门联动机制，鼓励保险机构提高河南省农业保险覆盖面和服务能力，投入专项资金建设全过程、全链条农业保险政策体系。对河南省重要的农村集体组织生产的粮食作物，参保率要达到80%，甚至90%以上，满足村级集体组织发展现代高效农业的需要。

3. 增强授信，构建全省农业融资担保体系

投入专项资金成立河南省农业融资担保有限责任公司，建立代偿补偿和降费补助机制，扩大融资担保范围，对河南省农村集体组织增强授信，破解农业融资难、融资贵问题。探索由各级财政共建农村集体组织贷款风险补偿资金池，对金融机构涉及农村集体组织的贷款损失给予适当补偿。

4. 设立农业基金，发挥基金的引导作用

河南省财政部门可设立相关省级农业发展基金，或与金融企业、龙头农业企业共同设立农业发展基金。将基金全部投资到农村集体经济领域，通过股权投资、债权投资、引导投资、增值服务、市场培育等方式，充分发挥基金的引导作用，形成多渠道、多层级的农村集体经济产业投融资模式，支持河南省农村集体经济的发展。

5. 拓宽筹资渠道，吸引社会资本

在农业基础设施、农田水利工程、生态环境保护、网络基础设施等领域扩宽融资渠道，稳妥推进政府和社会资本合作模式。引导社会资本进入农村集体经济领域，明确责权利关系，充分发挥市场机制的作用，提升农村集体经济组织的产出效率，实现利益最大化。

第二节 实施财政支持政策的相关机制保障

一、健全资金整合机制

当前河南省各级政府部门扶持农村集体经济发展的政策及资金项目较多，且涉及多个部门，导致各部门权责不清，财政资金使用分散，有些还会被浪费，严重拉低了财政资金的使用效率及财政扶持的绩效。因此，在省级层面对财政资金进行整合，合理对接财税扶持农村集体经济的对象，对促进农村集体经济的发展尤为重要。在确定支持项目或组织时，要根据重要程度进行具体的划分，在财政资金投入初期需要做详细的规划，中期要进行跟踪调查并及时反馈项目进展情况。

第五章　河南省财政支持农村集体经济发展的政策建议与机制保障

二、财政支持法制化

从国外的经验来看，良好的法律环境能够有效保障农村集体组织的利益，必要的财政支持法制化对促进河南省农村集体经济的发展非常重要。所以要从法律上明确财政支持农村集体经济的法律地位。从国外实践来看，美国、日本、法国等都对支农对象（如农协）颁布了明确的法令，当前我国对农村集体经济的支持政策存在区分度不高的问题，并未将其与合作经济、农村经济等进行严格区分，影响了财政支持政策的正常实施，法律层面的定位缺失会阻碍农村集体经济的发展。因此，一要完善农村集体经济相关法律法规，明确农村集体经济的法律地位、原则及补贴细则等，在立法层面上实现财政支持法制化。二要根据实际运行情况细化法则，使法规更加具体详细，以便政策法规能够清楚明确地传达、落实到农村集体组织。

三、建立监督机制

为保障财政支持政策落实到位，必须建立完善的监督机制。一要在财政资金的分配环节保证公平公正，明确监督部门的职责，加大监管力度。二要加强对资金使用情况的监督，重点关注财政资金使用的盲区与薄弱环节。三要建立财政资金使用绩效的评价机制,尤其要对支持力度强、项目金额大的扶持对象建立专门的评价机制,提升财政资金监管机制的有效性。四要完善群众监督机制,利用互联网的便捷性,使财政对农村集体经济组织、成员的相关支出、税收、补贴等政策及时透明化、阳光化,积极接受社会的监督,同时也便于民众及时了解政策、享受政策。还要建立互联网沟通反馈渠道,深入了解农村集体经济组织对政策的需求,从而使财政支持农村集体经济的政策真正做到为民所想,为民所需。

第六章 河南省农村金融支持农村集体经济发展的政策建议与机制保障

农业科技的快速发展以农村金融创新的不断推进为前提。目前河南省农村金融创新仍然处于初级阶段，通过对河南省农村金融创新制约因素的分析可知，长期的二元经济发展模型导致各种资源偏向远离农村地区。由于农村金融需求方具有分布分散、市场风险和道德风险较高、有效抵押品不足等特点，所以交易成本较高。由于组织体系的缺陷与配套体系的缺失，农村金融供给方的有效供给不足。现存的这些制约因素对河南省农村金融创新提出了实时性的要求，即后端推动式促进金融创新。

本章在分析农村金融创新原则的前提下，以降低交易成本为主要目标，从农村金融产品与服务方式创新、农村金融机构建设、国家政策建设、农村金融创新环境建设四个角度，提出河南省农村金融支持农村集体经济发展的政策建议与机制保障。

第一节　农村金融创新原则

本书认为，农村金融创新必须遵循以下四个原则。

一、以需求为导向，以因地制宜为原则

农村金融的产品与服务必须符合农户与农业企业的真实需求，要将落地适应性作为检验标准。农村金融的产品和服务方式创新，不求大，不求洋，关键要立足实际需求，解决实际问题，坚持因地制宜原则。

二、以金融政策与财政政策积极配合为原则

学者们研究发现，在促进农村集体经济发展的过程中，应当坚持财政政策与金融政策相互配合的原则。财政资金具有引导作用，可以改善农村金融生态环境，对金融产品和服务进行贴息、奖励、担保等，可有效分散金融风险。

三、以先试点、后推进为原则

因为农村金融产品和服务创新不可能"毕其功于一役"，不同地区对同一产品的适应性也不一定相同。所以，金融产品与服务创新要统筹规划，有目标、有机制、分阶段、分步骤，

先试点、后推广。同时要加强金融创新理论研究，不断总结实践经验，鼓励经验交流，扎实有序地推进农村金融创新。

四、以成本覆盖为原则

成本是当前深入推进农村金融创新的主要问题。支持农村集体经济发展，要充分考虑农村金融机构的成本和收益问题，要通过创新农村金融的供给方式，降低金融机构的运行成本和制度成本，积极发展普惠型的农村金融。

第二节　农村金融产品与服务创新

从支持农村集体经济发展的角度来看，金融产品和服务创新的目的就是要让金融机构更接近农业合作组织、农村集体组织，减少信息不对称导致的交易成本过高的问题。结合当前河南省农村金融的发展现状来看，要促进农村金融产品与服务创新，支持农村集体经济发展，必须在以下六个方面加大工作力度。

一、大力发展小额信贷

根据前文的分析，当前河南省农村集体经济组织规模相对不大，涉农金融机构，尤其是农村信用社应大力发展小额信贷。农户小额信用贷款是我国农村信贷管理制度的重大改革，这是以农户的信誉和偿还能力为依据发放的信用贷款。与一般的农户相比，农村集体组织具有一定的信用等级，农村金融机构应采取少抵押、少核定、多次发放的方式，针对农村集体组织的不同经营特征（如农产品经营、农业生产，也可以是农民消费），扩大小额信贷的范围。

二、开发金融产品

为适应农村集体经济发展多样化的需求，农村金融机构应在小额信用贷款的基础上，不断开发金融产品，提升金融服务水平，推进金融产品创新。对于资源性农村集体经济组织，金融机构可以提供满足其开发性资金需求的金融产品；对于经营性农村集体经济组织，金融机构可以根据其经营特征提供满足其短期经营或扩大生产等方面的资金需求的金融产品；对于有核心企业的农村集体经济组织，金融机构可以提供订单金融、供应链金融产品等；针对地方特定产业，金融机构可以结合农村产权情况，开展所有权抵押贷款、经营权抵押贷款等，通过政府增信、财政引导、合作社村集体担保等方式减少金融机构搜集和甄别信息的成本。

三、完善金融基础设施

要加快推进农村金融基础设施建设,在完善现有物理网点的基础上,加快"惠农通""翼支付"等代理网点的补充建设,为广大群众创造便捷的支付环境,打通金融服务的"最后一公里"。长远来看,其后期可节约的成本与带来的收益远远可以弥补当前的成本支出。

四、简化手续

农村金融机构在坚持规范的贷款条件和贷款程序的原则下,要适当地简化农村集体组织成员的贷款手续;既坚持贷款自主决策,又实行贷款公开化制度;既发挥金融服务功能,又开拓服务领域,以达到互惠互利的目的。

五、抵押品创新

农村集体经济整体规模较小,很多集体组织存在资不抵债的情况,普遍缺乏合适的抵押品。农村金融机构应大力推进抵押品创新和抵押品替代机制创新,解决金融机构交易成本高、农村集体组织和成员缺乏抵押品的问题。抵押品创新主要包括抵押品层面的创新与联保增信层面的创新。

抵押品层面的创新。与城市住房不同，农村住房很难成为金融机构的合格抵押品，同时农户的生产工具、家具等流动性差、价值普遍较低，当前我国农村借款主体可供抵押的资产普遍不足。因此，在抵押品层面应结合现有农村改革和农村集体经济特征进行创新，例如探索合作社股权抵押、合作社运营资产抵押、土地使用权抵押、土地承包经营权抵押等方式。在推进抵押品创新的同时，河南省农村金融机构要探索适度放宽农村集体经济组织抵押物的范围。

联保增信层面的创新。对于金融机构来说，单个农户贷款额度较小，缺乏抵押品，难以达到正规金融机构的最低经济规模，同时存在信息不对称、交易成本较高等问题。但以合作社、农村集体组织为单位的信贷可以在一定程度上实现联保增信，可以推进农村集体组织通过联保贷款、农业供应链贷款、核心企业+合作社/农户等方式联保增信，解决当前农村金融面临的困难。

六、抓住国家扶持机遇

促进农村金融产品和服务创新，也要抓住国家扶持机遇，提升金融创新实力。党的十八大以来，国家相继出台了一系列推进农村改革的重大决策和措施。在激活农村土地的货币属性、明确农村产权方面，河南省农村金融机构要大胆创新对接，同时抓住国家扶持政策带来的市场机遇，充分发挥政府投资的导向作用，充分利用国家、河南省加大扶持金融机构的机遇，争取扶持资金，不断增强自身的金融创新实力。

第三节 农村金融机构建设

一、机构体系建设

农村地区的企业融资与企业规模呈现出一种发展趋势，即自筹资金为主（发展初期）→民间融资为主（发展中期）→信贷资金为主（发展后期）。这一趋势同样体现在河南省农村集体经济的融资过程中。为了对农村集体经济发展给予全方位的金融支持，有必要从民间融资到信贷融资全程完善现有的农村金融体系。

1. 非正规金融机构

当前河南省农村金融体系主要由正规金融机构（包括政策性、商业性、合作性银行体系及证券、保险、担保、期货公司等）与以新型农村金融机构为代表的非正规类农村金融机构（农村金融合作社、小额贷款公司、资金互助社、社区发展基金、创投基金等）构成，两者各有优势和劣势。与正规金融机构相比，非正规金融机构是现有农村金融服务的重要补充，但也会对正规金融机构产生一定的挤出效应,且非正规金融机构的利率是市场竞争的结果,与官方利率相比,提高了农村金融市场的竞争度和帕累托效率。农村集体经济的特点决定了其同时需要正规金融机构和非正规金融机构。对于规模较小的集体组织,小规模的非正规金融机构可以提供更加合适的金融服务,因此应该给予非正规金融机构合法地位。在此基础上,通过大力发展以农村金融合作社为代表的合作金融机构,提高其对农村集体经济组织的金融服务水平。

2. 正规金融机构

为使农村集体经济发展在中后期获得足够的资金支持,也要进一步完善正规金融机构体系,具体措施如下。

(1)拓展农业发展银行的服务职能。农业发展银行作为目前河南省唯一的农业政策性银行,应当充分发挥其职能,承担起支持"三农"的重任。农业发展银行主要依靠国家财政拨款,对特定农村区域进行扶持,其发展过程中主要存在信贷资金来源渠道狭窄、服务网点相对较少、只有少部分地区能够享受到政策性银行的"恩惠"、运营过程中缺乏市场观念等问题,不能主动把握农业产业的客观需要,难以适应农村金融市场的不断变化。农业发展银行的发展困境,可以从以下三方面着手破解。

第六章　河南省农村金融支持农村集体经济发展的政策建议与机制保障

第一，农业发展银行应当深化内部改革，增加网点，提高政策性金融的覆盖面，通过参与农村金融市场竞争，有效促进农村金融市场的发展。同时，农业发展银行应当将更多的企业纳入贷款支持的范围，特别是要加大对中小型农业科技创新企业的支持，充分发挥政策性金融对农业科技发展的支持作用，带动其他投资主体对农业科技企业的资金投入。在这一过程中，农业发展银行需要观察和了解农村金融市场的空白区域，对其他农村金融机构未涉足的领域给予适当的关注，防止农业金融过度倾斜。

第二，农业发展银行是政策性银行，应当体现国家政策和国家产业投资方向，突出一定的财政特征，其业务应当与国家财政政策相协调。当政府财政实力较强时，政府可以直接给予农村地区财政补贴，农业发展银行应当收缩业务发展；当政府财政能力不足，导致财政额度不能满足农村市场需求时，政府可以通过税收、优惠等方式引导农业发展银行为"三农"发展融通资金，发挥政策性银行支持农业发展的优势。

第三，农业发展银行应当在风险可控的前提下，加大对农业科技型企业的政策性金融支持力度，而加大金融支持力度必须首先改革农业科技贷款的管理办法。目前，科技贷款采用商业贷款管理办法，贷款必须满足抵押条件，评审必须上报二级分行以上分行，同时经过银行及科技部门的双重审批。即使符合条件，也需要农业科技型企业有不低于项目总投入的20%的资本金，并有经济实力较强的其他企业法人为其担保。可见其贷款程序复杂，门槛高。因此，为了更好地促进农业科技进步，对于农业科技型企业贷款，农业发展银行应当改革其管理办法，降低贷款门槛，简化贷款程序。

（2）加大农村商业性银行的支农力度。农村商业性银行主要包括中国农业银行及中国邮政储蓄银行，它们是目前农村金融机构中最具有资金实力的金融机构，在市场经济中居于主导地位。然而在国有银行商业化改革过程中，大量的商业性金融机构撤出农村地区。因此，引导商业性金融回归服务"三农"成为亟待解决的问题。

农业生产固有的高风险性、高波动性、生产周期长等特点，与商业性银行经营管理追求的利益最大化和资金安全性相背离。在农村地区实现不了其目标，导致许多商业性银行退出农村市场，甚至出现资金的逆向流动，这使得商业性金融机构不能有效地支持农业科技进步。然而，只要商业性银行积极创新，寻找农村地区金融发展的新出路，必然可以在农村金融市场上分得一杯羹。

商业性银行对农业贷款的发放条件严格，金融产品单一，

第六章　河南省农村金融支持农村集体经济发展的政策建议与机制保障

抵押物品种类少。由于农业信贷风险较高，因此商业性银行对其贷款发放较为审慎，不仅要求提供土地、厂房作为抵押物，大部分还规定抵押物中要有一定比例的股东房产，民营企业还需法人夫妻双方承担连带责任，并要求企业信用等级在 A 级以上，这使得很多农业企业都望而却步。因此，要想提高商业银行的农业贷款，根本方法在于降低商业银行的违约成本。这就需要银行与保险、担保企业相互联合，开发运用"银行+保险""银行+担保""银行+保险+担保"及"银行+保险+财政补贴"等多种融资工具相配合的融资模式，来降低农村商业银行的交易成本。同时，也要探索符合农村金融主体需求的抵质押方式，探索集体林权抵押贷款、大型农机抵押贷款、专利权和商标权抵押贷款等方式。

商业性银行可以根据自身优势与业务特点定位于农村的中高端市场。由于其具有贷款实力强、信贷经验丰富的优势，因此，商业性银行可以与其他农村金融机构形成互补的服务体系，在坚持小额信贷的同时，结合自身特点，定位于农村的中高端市场，重点为中高层次的农业产业化龙头企业提供金融服务，进一步发挥支农作用。

（3）深化农村合作性金融改革。目前中国农村金融市场主要以商业银行和农村信用合作社为主力军，因此以农村信用合作社为主体，以新型合作模式为补充的农村合作性金融机构在我国农村金融市场上具有不可忽视的作用。然而，合作性金融在当前农村金融市场改革的大背景下逐步失去影响力，传统的运营策略和金融服务体系正在接受考验。因此，积极探索适合农村经济发展的合作金融模式是十分必要的。

农村信用合作社应继续推进产权改革。自2003年起，国家开始逐步开展农村信用合作社改革试点，对部分农村信用合作社进行整合，并按照产权明晰的准则将其分为农村商业银行和农村合作银行两种不同的经营模式，这使得两种不同的经营模式可以充分发挥各自的比较优势。改革在多个地区的试点已经初见成效，经历了体制改革的农村信用合作社在服务质量和服务理念方面都有了很大的提高，市场意识逐步增强，也有了创新农村金融产品与服务的动力，获得了较好的市场评价。可见，推进农村信用合作社的改革，有助于其资本运营，也可以提高其在农村金融市场上的竞争力。以此为参考，农村合作性金融机构应加快改革步伐，尽快适应目前农村、农业、农民的资金需求。

要健全农村合作性金融机构的内部控制机制，强化内部管理，防范和化解经营风险，努力提高农业贷款资产质量，增强其为"三农"服务的能力。要坚持以合作为原则，由上至下层

第六章 河南省农村金融支持农村集体经济发展的政策建议与机制保障

层持股,但各主体独立经营,各级组织之间层层入股,即省级农村信用联合社由县级农村信用联合社合作持股,股东只能是辖区内的信用合作组织,但是各级组织之间均为独立法人,无行政隶属关系,最终使省级农村信用联合真正成为基层股份制农村信用合作社自愿参加和发起的一个系统联合。

总之,农业发展银行要完善功能定位和运作机制,提高服务质量,拓展支农领域,进一步发挥政策性金融的支农作用。商业银行要稳定发展农村服务网络,支持其为新型农村金融组织提供金融批发业务,发挥其在农村金融体系中的骨干和支柱作用。农村信用社要大力推进再改革,完善产权制度、组织形式和内控机制,拓宽服务领域,改进服务方式,增加服务品种,增强服务功能,促进其朝着更加贴近"三农"的方向发展。

此外,还应加大资本市场对农村经济主体的支持力度,积极支持中小型农业企业上市,通过资本市场直接融资、增强资本实力。证券主体部门、地方财政部门和企业要加强沟通,共同解决发展过程中遇到的难题,为农业企业上市提供助力,鼓励农业产业化龙头企业兼并重组未上市的小型农业企业,实现规模化发展,提升公司发展质量。对于已经上市的农业企业,政府应当给予税收优惠,激发这些农业龙头企业的创新动力;

对于农业板挂牌企业,要给予财政补贴,以减轻企业选择中介机构进行相关挂牌的费用负担。同时,要向农业企业宣传介绍农业板块挂牌条件、服务功能、挂牌程序,充分调动农业企业到区域性股权市场挂牌的积极性。

需要注意的是,在农村金融机构建设中,政府应当是一个引导者、鼓励者、扶持者与监督者,而不是市场本身。

二、机构内部建设

要建立创新产品研发部门。业务员对市场最熟悉,故该部门可由业务综合部门牵头,信息科技部门协同参加,共同负责项目管理、市场营销、协调管理和制度制定。引入产品经理制,成立专门的创新产品开发小组。该小组视产品性质由某一业务部门牵头,其他业务部门和科技部门相关人员参加,实行由业务部门负责的产品经理制。强化客户经理制,发挥市场拓展人员和临柜人员在信息的收集、反馈及创新产品推销等方面的职能。确定开发创新产品时,要首先认真听取客户经理、市场拓展人员和临柜人员的意见,收集大量的市场需求信息。创新产品推出后,要多方倾听营销人员的反馈意见,不断完善创新产品的服务功能。

加强产品创新决策支持系统的建设(信息收集、反馈及处理系统，客户信息系统，金融产品库等），提高产品创新决策的科学性和针对性。在此背景下，注重对产品创新的考核，建立内部激励机制。将开发、推广创新产品的考核指标体系纳入综合目标管理体系。加大对创新责任人及相关工作人员的业绩考核，考核结果与职务、职称的聘任、待遇、培训等挂钩，激发内部员工创新产品的积极性和创造性。

第四节　国家政策建设

农村金融体系应该以多元化、有竞争力、以营利为目标的农村金融机构为主体。现阶段，农村金融创新还没有在普遍意义上成为为满足多样化的农村金融需求而做出的自发性市场行为，政府的外部推动和政策诱导仍然是推进农村金融创新的主要动力。

即使在西方国家，农业实行规模化和集约化生产经营，其一些涉农金融业务也需要政府提供支持，例如农业保险大多属于政策性保险。我国政府在农村金融创新中的作用比西方国家应该更大，政府不仅可以提供硬法资源，如行政法规、地方法规、行政规章等，还提供软法资源，如金融规划、金融政策及其措施、信用环境等，甚至直接参与农村金融创新事业。

（1）在法律法规方面，一方面应尽快出台《农村合作金融法》《农业保险法》《农村信贷法》《农村信贷担保法》等法律，为农村金融体系的运行创造良好的法制环境。另一方面，应建立适度竞争的农村金融机构体系及公平完善的市场准入和退出制度。

（2）在产业政策方面，政府要结合地方资源优势，制定适合当地的产业政策，加快农业和农村经济结构的战略性调整。同时，引导地方结合自身特点着力培育自己的支柱产业，形成规模经济效应，以尽快发展一批适应市场、连接农商、农民受益的经济体。

（3）在财政政策方面，要优化政府的扶持政策。在适当加大政策性金融服务补贴的同时帮助相应的农村金融机构分担风险，具体可在贷款贴息、涉农保险机制、发行支农特别国债或政策性金融债等方面多做工作。

（4）在货币政策方面，继续执行差别准备金制度，加大支农贷款力度，完善利率协调机制，以补偿金融机构的风险。

（5）在保障机制方面，建立资产"所有权"表达机制。农民手中掌握的资产，例如土地、房屋等，由于没有得到法律的所有权表达，资产都变成了僵化的资本，不具有流动性，因而无法体现其市场价值。资产所有权抵押化可以从所有权产生的效应中衍生出来，而在此过程中最重要的便是建立所有权的表达机制。具体建立资产"所有权"及资产流动市场,解决确权与流动性等问题还需政府加以指引与推动。除了资产"所有权"表达机制,包括信用环境、保险环境、担保环境在内的农村金融环境的建设都离不开政府的参与和支持。

第五节 农村金融创新环境建设

一、信用环境

信用环境是金融发展的基础,农村金融发展离不开良好的金融生态环境。要以诚信为导向,加强农村地区的诚信教育和金融意识教育,建立和完善覆盖农村个人和中小企业的征信体系,建立守信激励机制和失信惩戒机制,优化农村金融司法环境,有效降低违约成本,拉长农村金融生态链。

1. 信用体系建设

目前,河南省农村信用体系建设取得了一些成效,主要是通过大力宣传和评定信用户、信用村、信用镇,提高了农户的信用意识,改善了农村信用环境,并初步建立起电子化的农户信用档案。但要真正解决农民贷款难问题,推动农村金融创新,建立完善的农村信用制度,还要在以下三方面继续努力。

(1)机构宣传。要突出农村信用体系建设的重要性,加大农村地区的征信知识宣传力度和金融知识普及力度，多途径普及金融知识和信用知识。金融机构应设立专门的信用管理部门，将信用管理贯穿于客户开发、贷前审查、授信管理、贷后管理、贷款回收等信用交易的全过程，通过办理业务宣传征信知识。

（2）注重培训。推广农村教育活动应当围绕农村金融基础知识，并结合县域经济、金融发展实际，以及农户的金融知识需求，自主确定教育培训内容。主要培训内容应包含以下四个方面。

培训信贷员。以农村信用社、邮政储蓄银行和农业银行等涉农金融机构的信贷业务骨干为重点进行培训。主要讲授小额信贷知识、信贷市场营销、贷款操作流程和管理技术、风险控制及农户征信管理等内容。

培训干部。重点培训大学生村干部和担任信贷联络员（协管员）的村干部，充分利用资源，把对村干部的培训融入政府组织的县、乡、村干部的培训班中。主要培训内容是农村金融改革与小额信贷、农户资信评估、家庭预算、家庭债务管理、农村金融服务、诚信教育与防范金融诈骗等。

培训农户。把对农民的金融知识培训镶嵌到扶贫办、社保部门组织的各类培训中去。充分利用扶贫办、社保部门组织的

第六章 河南省农村金融支持农村集体经济发展的政策建议与机制保障

各类培训班，加大对农民的培训。培训内容主要有和农民紧密联系的小额信贷、人民币反假、诚信教育、防范金融诈骗、农村保险、农村信用合作组织等知识。

培训中小企业、农村经济组织、个体工商户等的法人代表和财会人员。培训内容主要有企业财务预算与管理、金融服务、诚信教育、贷款操作流程、风险控制、农村保险知识等。

通过以上方式，逐步在全国范围内推广此项教育活动，以提高我国广大农民和基层干部的金融知识水平，为推动农村金融发展提供强有力的知识储备。

（3）完善立法。目前，我国除了现行的《个人信用信息基础数据库管理办法》外，缺少其他相应的信用信息披露办法，很多信用信息无法合理、公开使用，信息资源利用效率低下，所以要完善立法，确定信用数据的获取渠道、标准和公开使用方式等。此外，信用立法要明确农村信用评级的管理机构、评级方法和评级标准，以较为统一、合理的方式来合理评估农户和农村中小企业的信用等级。

2. 信用评估机构建设

根据一般经济学理论，市场失灵的原因之一就是信息不对称，解决信息不对称问题是提高经济运行效率的重要途径，而信用评级就是解决信息不对称问题的一种努力。信用评级作为对市场要素风险状况的评价和标志，其实就是在解决市场参与要素之间的信息不对称问题。

建设农村信用体系长效机制，需要推进非银行（信用评级机构）信息采集工作，不断丰富信用信息资源，加快农户信用信息基础数据库建设，实现信息共享。信用评估机构是获取企业信用资源的专业化机构，它主要通过工商、税务、司法等外围机构进行有关企业信用信息的采集，然后通过专业的信用信息评估系统对收集到的信息进行整合。

目前，我国规模较大的全国性债券市场评级机构只有大公国际资信评估有限公司、中诚信证券评估有限公司、联合资信评估有限公司、上海新世纪资信评估投资服务有限公司四家，这远远不能满足金融市场的需求。此外，对银行而言，其对农户、农业企业的信用评级成本多由银行承担，这无疑加大了信贷成本，不利于金融创新。针对现有信用评级机构从业人数少、机构杂、主管机构不明确、缺乏行业管理体系等特征，政府应出面加强沟通，规范行业秩序、完善评级体系，维护和培育这个特殊行业。此外，还需就如何平衡信用评级公共产品性质与信用评级机构营利性之间的关系多加探索。只有创造出良好的信息环境，才能推动金融行业的持续健康发展与不断创新。

3. 违约惩处

借款人讲信誉有三个条件：一是借款人有追求长远利益的动机，不会为了短期的利益而损害自己的声誉；二是有关当事人不守信用的消息能够得到有效传递，信息的有效传递是个人行为能够受到监督的基础；三是人们要积极惩罚违约者。以此为基础来建设个人信誉环境，一方面需要继续推进"黑名单"公示，另一方面还需加大对违约者的惩处与公示力度。司法机关必须做到有法可依、有法必依，对失信造假行为给予"倾家荡产"式惩罚。

二、保险环境

由于农业生产风险大、成本高，因此健全的保险制度是支持农业发展的必要条件。保险对于农业生产的支持主要体现在建立和完善针对农业生产的经济补偿和资金融通机制，为农业生产提供全面的风险保障。在经济补偿方面，保险可以减少农业生产活动失败所带来的巨大损失；在资金融通方面，保险公司也可以是风险投资的重要参与者，保险资金可以投入到商业性的风险投资基金中，获取风险带来的高收益。因此，有实力的保险公司可以通过投资农业企业的方式支持农业科技发展。

美国所建立的健全的农业保险制度可以为我们提供启示。美国主导着全球农业保险，其提供了两个非常庞大的农作物保险计划：一是联邦农业保险计划，它提供有补贴的多险种农作物保险；二是私营企业、商业化运作、无政府补贴的农作物雹灾保险方案，以及一些规模较小的牲畜保险计划。通过借鉴美国的经验，我们发现建立健全的保险体系，不仅需要私人积极参与，也需要政府的参与。我国也应当建立多元化农村保险服务体系。

（1）农业保险结构。我国应当建立具有政策性、合作性和商业性的多元化农业保险金融机构。首先，建立以提供经济补偿为宗旨，不以营利为目标的政策性农业保险，体现"政府推动、政策支持、市场化运行、商业化运作"的原则，可以由政府建立，也可以由中国财产保险公司经营政策性农业保险业务，政府按年度政策性农业保险实际赔付给予一定的补贴。其次，引导成立非营利性的民间合作保险机构，由具有相似保险要求的主体组成组织，由所有者共享利益。最后，商业保险应当更多地进入农业保险范围，提供更多的保险险种，从而形成多元化的保险体系。

（2）政府层面。政府应对商业性保险实行不干预原则，保险产品完全由投保人买单，若发生保险事故，则由保险公司按

第六章 河南省农村金融支持农村集体经济发展的政策建议与机制保障

照保险合同给予补偿。而农业保险的标的是有生命的农作物和动物，发生保险事故时其损失难以确定和计算，不像商业保险的保险标的损失一般都具有很强的确定性。因此，农业保险离不开政府的政策支持，或者由政府直接组织经营，或者由政府成立专门的机构经营，或在政府财政政策的支持下，由其他保险经营主体经营。政府还要为农业保险提供补贴、再保险等许多扶持措施。针对自然原因抑制农民金融能力的状况，政府应该提供有效的政策性金融制度安排，例如通过政策性贷款为农民提供金融支持。

（3）保险公司层面。除政府支持外，保险公司还应积极探索，实现保险品种的多元化，将农作物保险范围由灾害保险延伸到农产品价格波动、农业机械、标准化养殖、畜牧品种改良等不同方面。应当鼓励发展以产品订单为依据的跟单农业等保险品种，也可采用"小额信贷 + 保险"的模式创新农业保险品种，为农村经济主体提供更加全面的保险服务。

（4）受保者层面。为了保障在保险机构及保险产品方面的创新，必须增强农户和企业的保险意识和诚信意识。要开展保险宣传工作，提高农户、企业对于农业保险的认识水平及投保积极性。还要对他们进行诚信意识宣传，防止农村保险主体隐瞒不良保险动机的逆向选择和骗取保费的道德风险。

三、担保环境

在农村金融创新中，担保环境建设必须坚持政府主导，做大做强政策性融资担保体系。除了需要政府出面运作、担保与协调，建立担保基金外，担保公司还应坚持上下贯通，实现银行与担保体系全面对接。采取积极的态度，充分发挥创造性，配合农村银行金融机构共同创新，以降低和分散农村金融机构的经营风险，形成有效的激励机制。

对融资性担保机构担保风险的分析研究发现，当受保企业提供足够的反担保品时，如果反担保品价值大于担保责任余额，加强对受保企业的调查及增加担保机构的承保比例可以帮助担保机构缓解信息不对称带来的逆向选择和道德风险问题。然而在实际操作过程中，能够提供足额抵押品的农业科技型企业少之又少。此时，为了响应国家促进中小企业发展的政策号召，融资担保机构不得不降低受保企业的反担保要求，当受保企业提供的抵押品价值不足以抵偿贷款金额本息和时，加大对受保企业的调查力度及提高承保比例只会加剧企业的逆向选择和道德风险。

为解决这一问题，建议担保公司从以下四个方面着手：①通过多种途径获取与受保企业相关的信息，减少与受保企业

第六章 河南省农村金融支持农村集体经济发展的政策建议与机制保障

间的信息不对称，从根源上降低担保公司的风险。②尽可能寻找对受保企业来说价值更大的反担保品，以增强融资担保机构的反担保能力。例如对具有高成长性的农业科技型企业提供贷款担保时，可考虑接受企业的专利权、订货单等进行抵（质）押；对个体及民营企业提供担保时，则可采用"股权质押"；对那些正常经营的企业提供担保时，可考虑采用"设备"抵押或"技术专利"质押等，这在一定程度上可以减少企业的道德风险。③当受保企业能够提供的抵押品价值有限时，融资担保机构可以在不提高银行贷款利率的前提下降低承保比例，以降低银企的逆向选择和道德风险，或者可以要求贷款企业的法人代表及财务负责人以自然人身份与担保公司之间签订无限责任合同，承担一定比例的担保款额连带责任。④在保持承保比例不变的情况下，可以通过降低对受保企业的反担保要求、降低银行的信贷利率来缓解信息不对称带来的风险。

总而言之，就是要建立银行、企业、政府与担保公司的风险共担机制。一方面，应该加强担保公司与银行的合作，建立与银行之间的风险共担机制，根据风险的不同，确定担保机构的承保比例范围。另一方面，建立受保企业法人与担保公司之间的风险共担机制，要求贷款企业的法人代表及财务负责人以自然人身份与担保公司之间签订无限责任合同，承担一定比例的担保款额连带责任。风险共担机制的创新具体可参考安徽省"4321"政银担合作模式。"4321"合作模式是指对单户2000万元以下的信贷担保业务，由融资担保公司、信贷担保集团、银行、当地政府，按照4∶3∶2∶1的比例承担风险。风险共担机制的建立将有效推进农村金融创新，进而推动农业科技进步，达到多方共赢的目的。

第七章 结 论

党的十八大以来，中国农村集体经济进入了新的历史发展阶段。习近平总书记高度关注农村集体经济发展问题，把集体经济组织称为农村进入市场的"龙头"。2019年3月8日，他在参加十三届全国人大二次会议河南代表团审议时指出"要用好深化改革这个法宝"，"完善农村集体产权权能，发展壮大新型农村集体经济"。这一系列重要论述深刻阐明了农村发展的根本思路，对当前农村改革、农村发展指明了方向。

作为农业大省，河南省一直牢记习总书记的殷殷嘱托。截至2020年，河南省农村集体产权制度改革任务已经基本完成，走在了全国的前列。然而由于受到各方面因素的制约，河南省乃至全国的农村集体经济很难完全靠自身力量得到很好的发展，必须依靠政府的大力支持和推动，其中财政政策尤为重要。近年来，各地政府财政对农村集体经济组织的支持力度逐渐加大，但是由于农村集体经济具有复杂性及多样性，财政支持农村集体经济组织发展的效果受到多方面因素的影响，导致财政政策难以发挥其应有的作用，影响了资金使用的效率。基于此，本书通过对河南农村集体经济发展现状进行研究，识别关键影响因素，并提出有针对性的建议和措施，以期提高财政资金的使用效率。具体来说，本书的研究得出以下结论：

第一，本书对农村集体经济和财政政策进行了概念界定，梳理了影响农村集体经济发展的内部因素和外部因素，并从税收、支出及补贴等角度综述了财政政策对农村集体经济发展的影响，为本书的研究奠定了理论基础。

第二，本书对我国农村集体经济发展现状和河南省财政支持农村集体经济的现状进行了分析。研究发现，中国农村集体经济发展水平总体呈上升趋势，从各地区的发展指数情况来看，地区不均衡的特征显著，东部地区遥遥领先，中西部地区发展较为缓慢。河南省农村集体经济发展指数整体位于中等水平，呈现总量仍然薄弱、资产收益较低、经营方式较为灵活、新型农村集体组织发展迅速等特征，当前财政支持存在总体投入不足、支出结构仍不完善、税收优惠政策操作性不高等问题，财政扶持政策需要进一步精准化。

第三，基于上述理论和现实问题，本书在结合相关研究及实际情况的基础上，构建河南省农村集体经济发展影响指标体系，基于调查问卷数据，利用结构方程模型对变量之间的路

第七章 结 论

径关系进行假设检验,结果显示政府政策、人力资源、技术因素、基础设施、产业组织水平都会对河南省农村集体经济的发展产生显著的正向影响,自然禀赋对河南省农村集体经济的推动作用相对不大。

第四,基于上述研究,本书提出河南省财政支持农村集体经济发展的对策建议与机制保障。在政策方面,应加大财政资金投入力度,强化财政支持力度,优化财政支持结构,实行精准化扶持,发挥财政资金的引导作用,构建"财政+金融"的综合性服务体系。在机制保障方面,应健全资金整合机制,推进财政支持法制化,并建立完善的监督机制。

参考文献

[1] Alchian A, Demsetz H. Production Information Costs, and Economic Organization [J]. IEEE Engineering Management Review, 1972, 62 (5): 777-795.

[2] Aschauer D A.Is Public Expenditure Productive? [J]. Journal of Monetary Economics, 1989, 23 (2): 177-200.

[3] Beckman J, Sands R, Riddle A, et al. International Trade and Deforestation: Potential Policy Effects Via A Global Economic Model [R]. Economic Research Report, 2017.

[4] Csaki C, Lerman Z. Farm Restructuring and Land Reform in Ukraine: Policies to Revive the Agricultural Sector [J]. Policy Studies, 2001, 15 (1): 15-16.

[5] Enke S.Consumer Coöperatives and Economic Efficiency [J]. American Economic Review, 1945, 35 (1): 148-155.

[6] Fleisher B M, Liu Y. Economies of Scale, Plot Size, Human Capital, and Productivity in Chinese Agriculture [J].

Quarterly Review of Economics & Finance, 1992, 32 (3): 112-124.

[7] Helmberger P, Hoos S.Cooperative Enterprise and Organization Theory [J]. Journal of Farm Economics, 1962, 44 (2): 275-290.

[8] Liu W.Analysis of Decision and Factors Influencing Agricultural-Cooperatives Joined the Agriculture Super-Docking System [J]. Journal of Xi'an University of Finance and Economics, 2014, 27 (4): 58-62.

[9] Onyiriuba L, Okoro E U O, Ibe G I. Strategic Government Policies on Agricultural Financing in African Emerging Markets [J]. Agricultural Finance Review, 2020, 80 (4): 563-588.

[10] Schmitz T G. The Economic Effects of The General Agreement on Tariffs and Trade on Supply Management in Canadian Agriculture: Spatial Models of The Canadian Broiler Industry [D]. University of California, 1995.

[11] Southavilay B, Nanseki T, Takeuchi S. Analysis on Policies and Agricultural Transition: Challenges in Promoting Sustainable Agriculture in Northern Laos [D]. Journal-

Faculty of Agriculture Kyushu University, 2013.

[12] Southavilay M. Small Scale Agriculture As A Resilient System in Rural Romania [J]. Studies in Agricultural Economics, 2015, 117 (1): 27-34.

[13] Williamson O E. Comparative Economic Organization: The Analysis of Discrete Structural Alternatives [J]. Administrative Science Quarterly, 1991, 36 (2): 269-296.

[14] 常敏.农村公共产品集体自愿供给的特性和影响因素分析——基于浙江省农村调研数据的实证研究 [J]. 国家行政学院学报, 2010 (3): 101-105.

[15] 冯道杰.当前我国农村集体经济发展路径分析 [J]. 经济与管理评论, 2010 (5): 35-40.

[16] 丰凤,廖小东.农村集体经济的功能研究 [J]. 求索, 2010 (3): 46-47.

[17] 郭晓鸣,高杰.深化农村改革:态势研判、矛盾分析与政策突破——以四川省为例 [J]. 农村经济, 2017 (2): 8-13.

[18] 关锐捷.构建新型农业社会化服务体系初探 [J]. 农业经济问题, 2012 (4): 4-10.

[19] 韩立达,陈燕.新型农村合作金融组织发展研究——以

成都市为例［J］.农村经济，2015（5）：72-76.

［20］韩俊英.农村集体经济组织成员资格认定——自治、法治、德治协调的视域［J］.中国土地科学，2018（11）：18-23.

［21］韩松.论农村集体经济内涵的法律界定［J］.暨南学报（哲学社会科学版），2011（5）：54-64.

［22］郝亚光.从村落到社区：政府职能转变的逻辑——以生产社会化为分析视角［J］.社会主义研究，2010（2）：68-72.

［23］黄延信.发展农村集体经济的几个问题［J］.农业经济问题，2015（7）：4-8.

［24］孔繁军，许尚涛.农村集体经济组织重组的法制问题［J］.发展论坛，2002（2）：59.

［25］李坤梁，周湛湛.贵州凤冈："双有机"战略的历史逻辑考究［J］.当代农村财经，2019（9）：27-30.

［26］李萍，王军.财政支农资金转为农村集体资产股权量化改革、资源禀赋与农民增收——基于广元市572份农户问卷调查的实证研究［J］.社会科学研究，2018（3）：44-52.

［27］李韬，陈丽红，杜晨玮，等.农村集体经济壮大的障碍、

成因与建议——以陕西省为例［J］.农业经济问题，2021（2）：54-64.

［28］林冬生.农村集体产权制度改革相关财税和金融政策供需分析［J］.农村经济，2016（7）：96-99.

［29］刘心怡，金山，张伟.金融科技对农村居民的收入增长效应及其传导机制［J］.财贸研究，2020（8）：65-76.

［30］罗海平，叶祥松.农村集体经济的性质与内涵研究［J］.经济问题，2008（7）：82-86.

［31］马克思，恩格斯.马克思恩格斯选集：第4卷［M］.北京：人民出版社，1995.

［32］冉光和.农村金融组织变革新的理论探索——《双重目标驱动下农村新型金融组织创新研究》书评［J］.湖南农业大学学报（社会科学版），2018（12）：1-5.

［33］梁昊.中国农村集体经济发展：问题及对策［J］.财政研究，2016（3）：68-76.

［34］敏芳冉.基础设施建设与农村经济发展的关系研究［J］.经济学，2019（1）：5-7.

［35］彭文武，赵晓军，刘小凤，等.湖南村级集体经济发展的机制创新分析与模式选择研究［J］.经济研究导刊，2014（22）：26-27.

[36] 彭晓琼.农村集体经济组织治理结构现状、问题研究——以平远县中行镇农村集体经济组织为例[D].广州：华南农业大学，2016.

[37] 丘永萍.财政支持农村集体经济组织发展实证研究[J].财政科学，2018（8）：121-130.

[38] 邵彦敏，冯蕾.我国农村集体经营方式创新与机制构建[J].经济纵横，2014（4）：66-69.

[39] 石磊，张翼.农地制度、财产性收入与城乡协调发展[J].学术月刊，2010（4）：62-68.

[40] 孙梦洁，陈雪原.北京市农村居民对财政支农政策实施效果的满意度分析——一项基于北京市40个样本村调查的实证分析[J].经济问题探索，2016（6）：150-158.

[41] 唐丽霞.乡村振兴背景下农村集体经济社会保障功能的实现——基于浙江省桐乡市的实地研究[J].贵州社会科学，2020（4）：143-150.

[42] 田剑英.农地金融支持农业规模化经营的模式与机理[J].农村经济，2019（8）：68-78.

[43] 田学智.试论金融对农业科技推广的支持[J].吉林农业，2010（6）：130-131.

[44] 王宝珠，冒佩华.塘约金融：农村金融改革的突破——

一个诱致性制度变迁的视角［J］.贵州社会科学，2018（7）：158-163.

［45］王德祥，李建军.农村集体经济实现形式问题探讨［J］.农村经济，2010（1）：10-13.

［46］王娜，胡联.新时代农村集体经济的内在价值思考［J］.当代经济研究，2018（10）：67-72.

［47］王蔷.财政产业项目资金注入集体资产相关利益主体的博弈行为研究［J］.农村经济，2017（6）：94-101.

［48］王曙光，王丹莉.乡村振兴战略的金融支持［J］.中国金融，2018（4）：69-70.

［49］王晓丽.基于AHP法的农村集体经济与农民发展良性互动评价体系构建［J］.山西高等学校社会科学学报，2015（10）：40-45.

［50］温涛，王佐腾.农村金融多元化促进农民增收吗？——基于农民创业的中介视角［J］.农村经济，2021（1）：94-103.

［51］相小萌.基于贵州省农业基础设施建设的反贫困研究［J］.南方农村，2014（7）：61-65.

［52］徐勇.土地股份合作与集体经济有效实现形式［M］.北京：中国社会科学出版社，2015.

［53］薛继亮，李录堂.我国农村集体经济有效实现的新形

式：来自陕西的经验［J］.上海大学学报（社会科学版），2011（1）：115-123.

［54］杨旭，李竣.“村企合一”：农村集体经济组织形式能否存续［J］.改革，2013（12）：103-112.

［55］杨勇，赵宇霞.新农村建设视域下农村集体经济助推农民发展理路研究［J］.贵州社会科学，2013（12）：66-70.

［56］叶松勤，罗殷卉，孙蕾.“互联网＋”供应链金融开启"三农"服务新模式——基于大丰村镇银行"三位一体"的供应链金融模式探索［J］.金融教育研究，2018（5）：19-32.

［57］于明霞，黄薇.论我国农业保险存在的问题及对策［J］.吉林金融研究，2007（4）：30-32.

［58］余丽娟.新型农村集体经济：内涵特征，实践路径，发展限度——基于天津、山东、湖北三地的实地调查［J］.农村经济，2021（6）：17-24.

［59］翟新花.乡村振兴战略下土地流转的路径选择［J］.中共山西省委党校学报，2019（1）：61-64.

［60］张辉.马克思恩格斯城乡融合理论与我国城乡关系的演进路径［J］.学术交流，2018（12）：122-127.

［61］张晖，于金富.新时代创新农村集体经济实现形式的理

论探索和实践反思［J］.毛泽东思想研究，2018（6）：47-51.

［62］张洪振，任天驰，杨汭华.大学生村官推动了村级集体经济发展吗？——基于中国第三次农业普查数据［J］.中国农村观察，2020（6）：102-121.

［63］张兰兰.农村集体经济组织形式的立法选择——从《民法总则》第99条展开［J］.中国农村观察，2019（3）：12-24.

［64］张立，王亚华.集体经济如何影响村庄集体行动——以农户参与灌溉设施供给为例［J］.中国农村经济，2021（7）：44-64.

［65］张瑞涛，夏英.农村集体经济有效发展的关键影响因素分析——基于定性比较分析（QCA）方法［J］.中国农业资源与区划，2020（1）：138-145.

［66］张深友，童亚军.财政支持农村集体经济发展的路径与对策［J］.理论建设，2016（4）：40-43.

［67］张焘，孙正.论我国农村集体经济在社会主义市场经济中的地位及发展意义［J］.农业经济，2010（3）：9-11.

［68］张忠根，李华敏.村级集体经济的发展现状与思考——基于浙江省138个村的调查［J］.中国农村经济，2007

（8）：64-70.

[69] 钟玉. 对发展农村新型集体经济组织的思考 [J]. 成都行政学院学报，2008（6）：62-64.

[70] 周昌发，飞传鹤. 乡村振兴战略下农村集体经济组织融资职能的路径重构 [J]. 经济体制改革，2020（6）：86-93.

[71] 周娟. 农村集体经济组织在乡村产业振兴中的作用机制研究——以"企业+农村集体经济组织+农户"模式为例 [J]. 农村经济问题，2020（11）：16-24.

[72] 周文玄. 发展农村集体经济、加强基础设施建设 [J]. 上海农村经济，2018（4）：10-11.

[73] 朱有志. 中国新型农村集体经济研究 [M]. 长沙：湖南人民出版社，2013.